怪談奇聞

啜リ泣キ

小田イ輔

竹書房文庫

目次

煙

その日、会社員のEさんは地方都市の駅前にある喫煙スペースでタバコを吸っていた。

仕方のないこととは言え、嫌煙の流れは地方にも押し寄せており、愛煙家である彼は肩身の狭い思いをしながら煙草を吸うことが多かった。

「つい十年前ぐらいまでは、携帯灰皿さえあれば街角で普通にタバコ吸えたのになぁ、今やそんなことをすれば社会人失格みたいに言われるからねぇ」

バスターミナルに挟まれ、島のように孤立した高架歩道橋の真下。

日陰になってはいるものの、炎天下の地面から湧き上がって来る熱気は殺人的だ。

そんな環境で大汗をかきながらでも、煙草は吸いたい。

「依存症なんだもん、もう諦めているよ」

周囲には、自分と同じように汗を拭いながら煙を吐き出す人たちが数人。

どこの誰とも知れないが、彼らは少なくなりつつある同好の士である。

この場所でだけは、喫煙をしても咎められたり嫌な顔をされたりすることはない。

無言の連帯感を感じながら二本目に火をつけた時だった。

目の前で煙草を吸っていた初老の男が突然「ぶふう」と大量の煙を吐いた。

いくらなんでもこんな量、というほどの煙だったという。

「え？　って思ったけど、もしかしたら電子タバコの類かなと思ったんだ。たまにいるんだよね、ベイプっていうの？　ものすごく煙が出るやつ吸ってる人」

しかし、その男がつまんでいるのは、Eさんと同じ火のついた紙巻き。

「そしたらグラッと前のめりに倒れてね、そのままイビキかきはじめたの」

体を前後に揺らしながら、男が更にもう一度大量の煙を吐いた後のことだった。

慌てたのはそれを見ていたEさんと、周囲で同じように喫煙していた数人。

駆け寄り、大丈夫ですか？　と声をかけるも、男からの返答はない。

「ああ、コレはもう救急車だなと思ってさ、煙草消して電話しようとしたんだ」

と、Eさんがスマホを取り出したその時。

倒れた男がコッコッと喉をならし、大きく息を吸うや否や「ふううううう」っと、また大量の煙を吐いた。

「いや、倒れて意識ないわけだからさ、煙草なんて吸ってないんだよ」

すると、この煙はなんなのか？

男に駆け寄っていた数人も、思わず離れてしまうほど大量の煙だった。

「だから俺だけが見てたとかそういうのじゃないね、あの場の皆が見たはず」

洗濯屋のスチームアイロンの如く、真っ白い煙を吐いた男からは、もうイビキは聞こえてこなかった。

「いやぁ、オロオロしちゃってさ、何がなんなのか。心臓マッサージ？ 煙大丈夫？ どうしたのこの人？ つって、バッタバタでね」

結果、数分後にやってきた救急隊員たちによって、その場でＡＥＤを取り付けられた男は、けたたましいサイレンとともに病院へ搬送されて行った。

「煙を大量に吐き出す病気なんて無いだろ？ 煙草の煙でもなければ、じゃあアレはなんだったんだって話になるわな。魂？ いやわかんない。魂とかってもう少しまとまって出てくるもんじゃないの？ まぁ見たこと無いけどね魂も。でもそういうイメージってあるじゃない。キタロウに出てくるみたいなさ。ああいうポワンとしたのが健康な魂でしょ？　うん、だからあの人は無事じゃないだろうなぁ、あれが魂だったとして、あんなに拡散しちゃあね」

異音異臭点検

東北地方はさ、エンジンスターターがよく売れるんだよ、ホラ、冬場なんかだと、朝晩の冷え込みでフロントガラスが凍り付いてしまうなんてこと良くあるでしょう?

そういう場合、すぐに発進したくてもできないから、冷えた車の中でエアコンたいて暫く待つか、あるいは霜や雪を直接除去するしかない。でも寒い中、車まで走って行ってエンジンをかけるなんてのは億劫なんだよね、外からフロントガラスに直接アプローチするなんて尚更。

その点、エンジンスターターなら、家とか会社の中からピッとボタンを押すだけでエンジンがかかっちゃう。エアコンをつけっぱなしにしておけば、乗り込む頃には霜も取れてるし、車内はあったかくなってるしで万々歳ってこと。

たださぁ、それも良いことばかりじゃなくってね。エンジンスターターが売れるってことは、さっきも言った通り遠隔操作でエンジンをかける車が多いってことなんだよ。

この場合、自分の車がどういう状態になっているか、確認しないでエンジンかけちゃうわけだ。別に何も無ければそれでいいんだけれど、もしエンジンルームに何か動物でも入っていたりすると、まぁ、ずいぶん悲惨なことになる。

エンジンをかける前にボンネットをポンポンって叩いてやると、動物が驚いて外に飛び出すから、寒い季節にはそうやってからエンジンをかけるのがいいって言うね。でもそうすると、エンジンスターターをつける意味も無くなっちゃうからさ、車に近づかなくてもエンジンかけられるのが良いんであって。

特に猫が多いな、野良猫が暖をとるためにエンジンルームに忍び込んで、そのままゆっくりしているところ急にエンジンがかかる。どうなるかは想像に任せるとして、結果的に異音がしたり異臭がしたりするってんで、点検を依頼してくる客は結構いるんだ。

去年の冬に俺が担当したのも、そんな異音異臭の点検っていうケースで、まぁ大体ピンと来るんだよ、ああ、きっとエンジンルームが酷いことになっているだろうなって。

それでも仕事だからさ、やらなきゃなんない……。

ボンネット開けて、まぁ目視で確認するわな。それでそれを除去していくんだけど、なんとも言えない気持ちになるんだよ。なんつったって生きていたものでしょ、車の部品を取り外していくのとはわけが違う。特に頭の部分なんかは、その時の猫の苦しみが伝わってくるようで本当につらいね、頭が残ってた場合はね。

あらかた大きなところを取り除いた後で、スチーム洗浄したりしながら、結構細かいところまで洗い流すの、それでも異臭に関してはすぐには無くならない。時間の経過とともに、徐々に薄まっていくのを待たなければならないんだ。

その時も、できるだけの処置をして、後は時間に任せましょうってことになったんだけど、数日後に同じ客がまた来てね、まだ変な音がするって言うわけ。

臭いならわかるけど、音って何だよと思って。こっちは細心の注意を払って作業しているし、当然、施工後にはエンジンをかけてチェックもするんだ、それで問題がないってのを確認して、更には客にも状態を確認してもらった上で引き渡すんだから。

でね、どんな音がするのかと思ってエンジンをかけてみると、別に不審な音なんて聞こえてこない。んん？　と思って客に訊いたら「走ってると猫の鳴き声がする」って。エアコンの口から、ニャーニャーニャーニャー聞こえるっていうんだな、参っちゃってね、そんな、ど根性ガエルでもあるまいし。

受付の段階では黙ってたらしい、さすがに自分でも妙だなって自覚はあったんだと、ただ、聞こえてくるものはしょうがないんで、もしかしたら何か除去しきれてないものとかもあるんじゃないかってことでね。

もう俺らではどうしようもないところだよ、そういうのは。エンジンやファンなんかに異常があったって、ニャーニャーとは鳴かないもんね。ただまぁ、客の希望もあったから、もう一回キレイに洗浄はした。それで最後にダメ押しのつもりでさ、近所のコンビニで猫缶買ってきて、エンジンの上に置いてね、手を合わせたんだ。

「にゃおん」

うん、確かに聞こえた。甘えたような、機嫌のいい猫の鳴き声がした。

俺が拝んだのが良かったのか、それとも猫缶が良かったのか、まぁ猫に念仏唱えたところでどうしようもないんだろうし、猫缶かな、腹減ってたのかも知れないね。

客には「とりあえずできるだけのことはしました」と言ったよ、多分もう鳴き声は聞こえないんじゃないかと思って。その後どうなったかは、わからないけれどね。

地蔵の位置

L君は毎日、仕事へ行くために自宅近くの峠道を通る。

少し遠回りすれば新しくできた広い道路があるのだが、峠道を通った方がより早いため、あえて旧道を選んでいるのだそうだ。

「みんな新しい道路を通りますからね、峠は誰も走ってないんです、その分スピードも上げられるし、結果的に早く着くというわけです」

その峠道の中ほどに、地蔵が並んでいる場所がある。

「全部で五体。作られた時代が違うのか、浮き彫りの地蔵が二体と、切り出してあるのが三体、並んでいるんですよ」

この地蔵、ある時期からL君を悩ませている。

日によって、位置が変わっているのだという。

「昨日までは進行方向の左手にあったのが、次の日は右にあるんです、甚《はなは》だしい変化なんです。どう考えてもイタズラなんかじゃない。だってそれに伴ってその場の地形すら変化してるんですから、反対側になんてそもそも移動できるだけのスペース無いんですから。そりゃ不安になりますよ、俺は大丈夫なのかって」

地蔵は明らかに移動しており、決して見間違いではないと彼は言う。

しかもそれが月に何回もあるため、気持ち悪くなってしまった。

「これ絶対おかしいぞと、絶対おかしい、それで友達を車に乗せて地蔵がどっちにあるのか確認してもらったんです、移動すればわかるように写真まで残して」

これで、今度地蔵の位置が入れ替われば、それが事実であるということを確認してもらえる、自分の頭がおかしいという可能性は否定できる。

「それでですよ、それから少しして、左にあった地蔵が右に移動したんです。これは間違いないぞって、その友人を呼んで確かめてもらったんですが……」

友人は「いや、地蔵は最初から右にあったよ」とL君に言った。

撮っていた写真を確認したが、あろうことか、写真に写っている地蔵も右側に立っている。

「あれ？　と思って、勘違いにしては強烈すぎるんですよね、わざわざ友人に協力まであおいで確認してるっていうのに」

その後、L君は地蔵が入れ替わったと思うたび写真を撮り続けた。右にあった時に撮った写真もあれば、左にあった時に撮った写真もある、はずだった。

「いや、それが写真そのものの内容が、やっぱり全部変わっているんです。地蔵が右にある時に確認すると全部右、左にある時に確認すると全部左っていう具合に、あたかもそれはずっとそうだったと言わんばかりに」


実際に写真を見せてもらうと、日付が違うだけで全部同じ写真が並んでいた。

地蔵は右である。

つまり、今後もし地蔵が左に入れ替わるようなことがあれば、この写真を見ている私はその変化に気付けるだろう、そうL君に伝えると——

「いえ、小田さんもきっと『最初から左にあった』と言うと思います、これまで自分の親を含めて何人も試したんですが、全員そうでしたから」

なるほど、ならばこの「地蔵が入れ替わる」という彼の話は、彼にしか認識できない怪異であるということになる。その辺はどう考えているのだろうか？

「そう！　仰る通り！　これ実は地蔵が移動しているんじゃないんだと、今現在の俺はそう考えてます。地蔵が行ったり来たりしているんじゃなくて、この世界のフレーム、つまり『地蔵が右にある世界』と『地蔵が左にある世界』が交互に入れ替わっていると、そういうことなんじゃないかと考えています、パラレルワールドというやつです。なので今俺の目の前にいる小田さんは『地蔵が右にある世界の小田さん』で、もし今度地蔵が入れ替わった時に俺が会う小田さんは『地蔵が左にある世界の小田さん』になる、だから小田さんには地蔵が動いているとは認識できないんです」

なるほどなるほど、なるほど。

どうかとも思うのだが、せっかくパラレルワールドを行き来しているのに、地蔵の位置のみに着目しているのはちょっと面白いと感じた。

見てはいた

「どっから話すといいのかなぁ」

K氏はそう言って首をかしげながら、悩まし気に語りだした。

「俺の通勤ルートにさ、爺さんが歩いていたんだよな」

勤め始めて三十年、八時半の始業に間に合うように走る川沿いの田舎道。

代わり映えしない道のりを、日々当たり前のように通り過ぎて行く。

そこに、いつの頃からか毎日、背中を丸めた老人を見かけた。

「こう、手押し車つうのかな、それを押しながら歩いているんだ」

くすんだ紺色のジャンパーを着て、頭には耳垂れの帽子。

病後だろうか？　足取りは重く、気軽に散歩をしているようには見えない。

地面を見つめるようにうつむき、一歩一歩確かめるように歩を進めている。

「俺の親父もそうだったんだけど、脳梗塞《のうこうそく》なんかで体が利かなくなってリハビリでもしているのかなと。だから横を通り過ぎるたび『爺さんがんばれ』って思っていた」

老人の懸命な様子は、K氏にとって励みでもあった。

「あんな年寄りも頑張っているんだから、俺ももう少し気張らんとなって」


その日は、職場の飲み会があった。

「それが思いのほか早くお開きになったから、飲み足りなくて」

一人で近場のスナックに入ると、カウンターに座り、酒を注文する。

何度か来たことのある店、店内にはK氏の他に数人の客がいるのみ。

彼らはボックス席でホステスと何やら盛り上がっている様子。

なんの気なしにその内容に耳を傾けると、どうやら怪談話をしているようだ。

「俺はその手の話が嫌いだったから、気分悪くてね」

カウンター越しにスナックのママと話をしていたが、そのうち後ろから声をかけられた。

酒場でのことである、見ず知らずの人間と語らうことは珍しくなかったものの、その日は水を向けられた内容が悪かった。

「何か怪談話はないかって、それでつい……」

酒の勢いもあって、持論を述べてしまったそうだ。

喋っているうちに徐々に熱が入り、それは彼らに対する苦言へと変わっていく。

悪気なく声をかけたのであろうことは分かっていたが、止まらなくなった。

――見えるだの見えないだの、くだらない。

――そんな確かめようもないことを競うように話しやがって。

――いい歳こいてガキみたいなことを言うのは止めろ。

そんなようなことを、喋ってしまったらしい。


やがて、店内が静まり返っていることに気付き、急にバツが悪くなった。

ボックス席の客たちは、なんかスミマセン……というような顔で、チビチビと酒を含んでいる。するとその席についていたホステスが苦笑いをしながら言った。

「お客さんは、今まで一回も『見た』ことないんですか?」

うなずくK氏。

「ちょっと不思議だったんです、なんでそんなに怒れるんだろうって」

そのあっけらかんとして口調に、ボックス席から小さく笑いがこぼれる、気まずい思いをしていたK氏もつられて自嘲。

「ああ、ごめんなさい、そうじゃなくて……ええと、私の経験上なんですけど、こういう話が嫌いな人って、逆に『見える人』が多いっていうのがあって、それで……」

聞けば、彼女も見えるのだという。

「それで、お客さんも、もしかしたらそうなのかなって……」

もちろん、そんなことはないのだが、なんとか場を取り繕《つくろ》うとする姿勢を見て取り、彼女にほだされる形で「どんな風なの？」と話を合わせた。

「どんな風って、まぁいろいろなんですけれど、殆どの場合、生きている人と変わらないように見えますね。もっと言えば、後になってから『あ、あれって幽霊だったんだ』って気付くこともあります」

彼女の弁では、それは割と当たり前のことであり、自分はそれに「気付ける」だけで、多くの人が見るだけなら見ているのではないか、とのこと。

「なので、多分、お客さんもどこかで『見ている』かも知れませんね、単にそれがそうだと気付いていないだけで」

ものは言いようである、なるほどそういう頓智《とんち》を使うか、とK氏は感心した。

彼女の人柄もあり、話しているうちにすっかり落ちつきを取り戻した。

ボックス席の客に詫びて、ボトルを一本奢ると、カウンターに向き直り飲み直す。

「ねー、あの娘いいでしょ？　機転が利くのよね」

上手い具合に場をまとめた女の子を見やって目を細めているママに、うなずいてグラスを口に運ぶK氏だったが、また、その手が止まった。

――そうそう、あそこの川沿い、あそこでね、手押し車を押したお爺ちゃんがさ、足を引きずりながら歩いているの、うん、最初に見たのが二年ぐらい前だから、何か心残りがあるのかなぁ……。


いったんは和やかになった店内であったが、聞き逃せなかった。

こともあろうに彼女は、あの爺さんが幽霊であると主張している。

あんなに一生懸命リハビリをしている人を、小馬鹿にするにもほどがある。

もう一度後ろを振り返り「あのさ……」と、口を挟んだ。

今度はなんなんだといった様子の客を尻目に、ホステスに向けて言う。

「さっきはアンタの頓智に感心したけどね、今の話は看過《かんか》できないな、あんなに頑張っている人を死人扱いするのは流石《さすが》にどうなんだ？」

「え？　知ってるんですか？　あのお爺ちゃん」

「知ってるも何も、俺は毎朝ずっと見てるよ、毎朝車で追い越しているよ。帽子を被って、紺のジャンパー着た爺さんだろう？」

「そうです！　え？　お客さん、やっぱり」

「そうじゃない、もう止めようよ、だから俺はこういう話をする奴がダメなわけ」

「え、いやいや、ちょっと待ってください、ごめんなさい、ちょっと待って、あのお爺ちゃん、ずっと見ているんですよね？　どっち側からですか？」

「は？」

「あ、スミマセン、じゃあの、顔を見たことってあります？　お爺ちゃんの」

言われて気付く。確かにはっきり顔を確認したことは無い。

耳垂れの帽子に覆われた横顔を、かすめるように見てはいたが……。

「ないよ、それがどうかしたの？」

「じゃあ、雨の日とかどうでした？　雪の日とか、夏の暑い日とか」

覚えている限り、あの老人は雨の日も風の日もあの道を歩いていた。

しかし彼が、傘をさしていたという記憶がない。

雪の日も歩いていたはずだが、あんな足取りで雪道を歩けるものだろうか？

夏であろうと厚手のジャンパーに耳垂れ帽という服装も気になる。

何より、どうしてその違和感に今まで気付けなかったのか……。

「……」

「あのお爺ちゃんの顔を見れば、私の言っていること、わかってもらえると思います」

それ以上反論をするには、自分でも説明できないことが多すぎたため「悪かったな」と、もう一度詫び、そのまま店を出た。


次の日。

「そんなわけないと思いつつ、ちょっと怖いような気もしていた」

いつもの川沿い、間もなく老人が姿を現すはずだ。

気は進まなかったが、今日は振り返って顔を見てみよう、なんなら声をかけてもいい。

しかし。

「爺さん、いなくてさ」

その日だけでなく、以来、老人は姿を見せなくなった。

「単にもう外を歩くのを止めたっていうんなら話は簡単なんだけどな。でもタイミングがタイミングだろ？　仮にあのホステスが言う通り幽霊だったとしたら、なんらかの原因で俺には『見えなく』なっただけなんじゃないかなんて、そんな馬鹿なことも考えたりね」

K氏は、例のスナックにはあれ以来行っていないそうだ。

「これ以上蜂の巣をつつくようなマネはしたくない」とのこと。

しらせ

N氏の弁
「急にリビングの水槽が割れてさ、そこら中水浸しになっちゃって」
M氏の弁
「アパートに帰って来たら台所と風呂の蛇口が全開になっててさ」
二人共通の幼馴染が、入水自殺した日のできごとだという。

映画館の女

二十代の学生、Nちゃんから伺った話。

「楽しみにしていた映画があって、休みの日に朝イチで観に行ったんです」

九時の開場とともに映画館に入り、チケットを購入。

ポップコーンとドリンクを手に、指定の席に着いた。

早い上映時間帯だったためか、観客はまばらで、Nちゃんを含めて五人ほど。

「狙い通りでした、ゴミゴミした環境で観たくなかったんで」

しかし、彼女が座った席の、通路を挟んで二席ほど先に、不審な女が居た。

女は、立ったり座ったりを繰り返しながら、しきりに何事か喋っている。

隣の誰かを指差し、時々ヒステリックに声をあげるなど、落ち着きがない。

「うわぁ、何かヤバい人いるなって」

変に絡まれたりしても厄介だと思いはしたが、ちょっとした恐怖感も相まって、そう遠くない距離にいる挙動不審な人間から目が離せなかった。

「ちょっと勢いがある感じだったんで、こっちに来たら逃げようと思って」

恐る恐る観察していた結果、気付いてしまった。

「その人、隣の席を向いて話しかけてたし、指さしたりもしてたんで、てっきり誰か同行している人がいるのかと思ってたんですが、誰も居なかったんです、隣に」

女は無人の客席に向かって、延々と何か喋っていた。

どこか現実離れしたその様子にあてられ、Nちゃんは息をのんだ。

「いやいや、朝っぱらからこれはキツいって……せっかく今から映画なのにと」

他の観客たちは女から離れた席にいるためか、その状況に全く無関心を決め込んでいる。

よりによって最悪な席を選んでしまったものだ、これでは映画どころではない。

「上映が始まってもあのままなら、勝手に離れた席に移ろうかなとか、係の人に苦情を言おうかなとか、色々考えてました」

席が指定されたチケットとはいえ、客席はガラガラなので移動したところで問題はないだろう、それでも女が気になるようであれば、映画館のスタッフに声をかければよい。

「それで、ちょうど良さそうな席を探すために辺りを見回したんです」

その瞬間、Nちゃんの目の端で、例の女がパッと消えた。

「えっ？　って、二度見しちゃって」

さっきまであんなに気になっていた女の姿がどこにもない。

静まり返った館内で、Nちゃんは自分の鼓動が早くなるのを感じた。

「だってホント、突然だったから……」

女は立ち去ったわけではなく、その場で消え失せたのだ。

あまりのことに、セルフ金縛りのようになったとNちゃんは言う。

「確かに考えてみれば、チケットを購入する段階で、ディスプレイに表示されるじゃないですか？　埋まってる席が。私あれを確認して、自分の周囲に誰もいない場所を選んでいたんですよね……」

やがて、照明が落とされ、暗くなる劇場。

再び女が現れるのではないかなどと思ってしまい、気が気ではなかった。

「振り返ったら暗闇にあの女の顔が浮いてるんじゃないかとか、余計なこと考えちゃって……明るくなるまで席を立てませんでした」

視線を動かすことさえ恐ろしく、スクリーンをじっと見つめてはいたが、内容は全く頭に入ってこなかったそうだ。

「映画が終わって照明が戻った瞬間に、泣きそうになりました……感動したとかじゃなくて……やっと帰れるって……一気に緊張が解けて……」

映画よりもファンタスティックな現実を目の当たりにし、震えながら帰宅したという。

車窓から

C氏は、葬儀へ出席するため新幹線に乗車していた。

亡くなったのは幼い頃からの幼馴染で、急な訃報だった。

故人との思い出を頭に浮かべながら、ぼんやりと流れる景色を眺めていたところ、妙なことに気付いた。

「殆ど田園風景なんだけど、田んぼの真ん中で手を振っている人がいるんだよね。まぁ子供連れなんかが、たまたま新幹線を見かけて手を振ってるなんて光景はよく見るけれど、一人で一生懸命に大きく手を振っているんだな。それで、少しするとまた同じ服装の人が同じように手を振っているから、なんだろうなと」

田んぼの中で手を振っている人がいる、新幹線はその場を通り過ぎその人は見えなくなる、しかしまた少しすると手を振っている人がいる、新幹線は通り過ぎる、状況としてはその繰り返しで、手を振る人物の背格好や服装も同じように見えたとのこと。

動画撮影などのパフォーマンス的なものだろうか？　最近は、ウェブ上に自分で制作した動画をアップロードする人間も多いため、何かそういう企画でもあって、何人かで同じ服装をして、こんなことをしているのではないか？　当初C氏はそのように思ったそうだ。

「背広を着て、雨が降っているというのに傘も差さずに、田んぼや畑の真ん中で手を振り続ける人って、普通はいないよね……」
五、六回そんな光景を目撃し、やがて目的地の駅に近づいてきた。
車窓からの眺めも、田園風景は途切れはじめ、住宅地や店舗などが増えてくる。

いくら大きく手を振っていても、田んぼや畑の真ん中のようには目立たないだろう。

したがって、もう「手を振る人」は見えないだろうと、C氏は思っていた。

「それがね、今度は電線？　なのかな、高架線の上に立って手を振ってるんだ、さすがにそれは無いだろって、これ絶対に何かおかしいぞと」

そう思っているうちに、新幹線は駅にたどり着いた。

「あれ、何なのかはわかんないけど、どんな目的で手を振っていたんだろう、新幹線の中の誰かに向けて手を振っていたのかなぁ」

不思議そうに呟くC氏に「亡くなったご友人の可能性は？」と、質問してみた。

怪談としてはその方が締りが良い。

「いや、ないと思うけど……仮にそんなことがあるんだとしても、顔までは把握できない距離だったし、わかんないよね、新幹線は一瞬で通り過ぎちゃうから。ああでも、ということは、アイツだった可能性もあるってことか……いや、ないと思うなあ、もしそうだったのなら、俺は気付いたはずだもの」

C氏は「そんな可能性は考えてもみなかったなぁ」と、感心したように呟いた。

降車駅は近県であったため、四十分程の乗車時間での出来事だったという。

騒がしい部屋

Kさんが看護師として勤めている病院には、患者を入院させない部屋がある。

しかし、その隣の部屋に入院する患者の中に「隣ってどういう人が入院しているの？」と訊いてくる人がたびたび現れる。彼らは、隣の部屋が、昼夜を問わずなんだか騒がしいのだと訴えるらしい。誰も入院なんてしてないですよ、と言うと、質問して来た患者たちは気味悪がるそうだ。


その部屋は、夜間に病棟で亡くなった人の遺体を待機させる場所。

葬儀会社がやって来るまでの間、ほんの一時だけ、霊安室として使われる部屋なのだということは、秘密にしている。

神がかり

D君は、小学校六年生のある時期、妙なことを口走るようになった。
以下は、彼から「妙なこと」を吹き込まれて、妙な体験をした当時の同級生たちの弁である。

Aさんの弁

「D君はそんなに活発じゃなかったし、成績もそこそこって感じの子だったんです。ただなんて言うんだろう……雑学？　とか誰も興味を持たないようなことに関してはものすごく詳しくて、話し出すと止まらなくなるんですよね、しかも結構面白いの。それで、あの時もなんの気なしに話しかけたんじゃないかなと思います。そしたら『今日の放課後に河原に行くと面白いものが見れるよ』と言われて……何があるのか訊いても答えてくれなかったから、気になって、行ったんですよ河原に。仲の良かった娘たちに声をかけて。それで皆で河原を歩いたんですけど、ちょうど道のどん詰まり、藪《やぶ》の辺りに、車が停まってたんです。なんだろう? まさかコレのことじゃないよね? って近づくと、中で男の人が寝ていて……人気《ひとけ》の無い場所だし、なんか変な感じだったので怖くなって、そのまま帰って来ちゃったんですが……何日か後に『河原に停まってた車の中で人が死んでた』という話が聞こえてきて。自殺だったらしいんですけれど、どうもあの車の人だったんじゃないかってことで……」

I君の弁

「あの頃、俺らの間ではエアガンが流行《はや》っていて、大体みんな誕生日とかに買って貰って、サバイバルゲームの真似事みたいなことをよくやってたんだ。Dは混ざってこなかったんだけどさ。サバイバル以外にも、パトロールって言いながらエアガン持ってブラブラ歩き回ったりとかもしてて、その途中でアイツに会ったんだよ、確か日曜日の夕方ぐらいだった。そんで『おいD、何か異常はなかったか』とかって、多分聞いたんだよな、その時のノリみたいな感じで。そしたら『肉屋の裏の路地のところに、何かいる』って、そんなことを言われたんだと思う。よっしゃ！　って、ガキで馬鹿なんで、連れ立って走って肉屋の路地に入ったんだけど何もないんだよ。まぁ、だからって別に、猫でも犬でも浮浪者でも、いればみっけものみたいなノリだったんでね。じゃあパトロール続行すっかって、路地を抜けようとしたら、何か焦げ臭いことに気付いてさ、え？　つって、キョロキョロしたら、ゴミの集積所から煙が出てて、燃えてるんだよね、ゴミが。うおおって、ビビってるうちに、あっという間に燃え広がって、ヤバいヤバい言いながら、通りに出て大人呼んで。うん、その後なんでか俺らが疑われたりしたんだけど、うん、大丈夫だったんだけどさ。ただ、その場で消火活動を手伝った高校生が後から表彰されてたのは面白くなかった。俺らが第一発見者で皆に知らせたのにね」

S君の弁

「Aとか、Iとかが、Dのことを喋ってるの聞いたんだ。何かアイツに予知能力があるみたいなことを言ってて、そんなわけねぇだろって、思いつつ、試しに訊いてみたんだよ『まだ何かあんのか？』って。そしたらアイツ『明日の夕方に○○の切通しの所に金のスコップを持った男が出る』っつったんだよな。あぁ、俺はハッキリ覚えてる。金のスコップだもん、なんだソレって笑ったんだけど、一緒にいた奴が、よくわかんねえけど○○の切通しに行ってみようぜって言うから、次の日にチャリに乗って四、五人で行ったんだよ。そんで、金のスコップを持った男ってのが、どっちから来るのかわかんなかったから、チャリごと杉林の中に入って、こっそり隠れて道路の方を伺ってた。まぁ、何も無くったって、そんな一連を面白がってたわけでね、子供だし。何も無いなら無いで良かったんだけど、出たんだよね、金のスコップを持った男じゃなくて、変質者。俺らが潜んでいる真ん前で、通りすがりのオッサンが、歩いて来た女子高生に抱き付いたんだよ。そんで女子高生が『ぎゃあああ』っつうから、俺らも『何やってんだコラ！』って、隠れながら石投げたりしてさ、オッサンはビビって直ぐに逃げたけど、俺らもなんだか怖くなって逃げた」

以上は、当時のD君絡みのエピソードの一部、特に面白みのあるものだけを抜粋した。これ以外にも、彼のご神託めいた発言によって色々あったらしいのだが、当時の人間関係についてなど、こまごまとした内容なので省略させて頂く。

以下は、そのD君本人の話である。

D君の弁

「いや、Aでしょ？　この話を最初に喋ったの。ああ、やっぱりね、アイツずっと言ってんだもん、もう十何年前の話なのに。そもそも俺は何も覚えてないんすよ、そんなこと言った覚えも無ければ、それに関連して自殺だの火事だの変質者だの、そんなエピソードがあったってことも、全く記憶に無いんです。小学校の皆とは中学も一緒だったんで、中学三年間もずっとそれを言いふらされて、大分迷惑でしたね。何か気持ち悪い人みたいに思われそうで。高校にあがってやっとですよ、その話をされなくなったの。もっともAとSは別の高校だったんで、そっちでは喋ってたのかもしれないですけどね。それで暫く忘れてたら、成人式の謝恩会でまた言われて。そりゃアイツらにとっては強烈な思い出なのかも知れないですけど、俺は全く身に覚えのないことなんで、からかわれてんじゃないのかなっていうね。あるいは俺じゃない他の奴だったんじゃないかとか……」

そう言って、一瞬口ごもると、D君は続けた。

「あぁ、でも、これは全然怪談とか、予知とか預言とかね、そういう話ではないし、アイツらの話とは全く別なアレなんですけどね。俺は、小学生ぐらいの頃に、ホントに何もない真っ白い空間でしばらく過ごしてた覚えがあるんですよ。だけど親や友達なんかに確認しても、そんな場所に行ったことないって言われるし、俺自身の客観的な記憶を遡《さかのぼ》っても、有り得ないんです。その記憶のピースだけ、どこにも嵌《はま》らないんですよね。結構長い間、そういう場所に居たはずなんですけど、どう考えても、そんな時間はなかったわけで……だから心に不安があるっていうか、アイツらの話を聞いているとモヤモヤして来るんですよ。俺に覚えは無いのに現実には有るって言われることと、俺に覚えは有るのに現実には無かったことと、これ、何か関係してたら嫌すぎるっていうか、今ここで話をしていることも確かじゃないような気がしてきて……止めましょう、動悸してきた」

火事男

とても良く晴れた日の午前中、主婦のWさんが洗濯機から洗濯物を取り出していると、公共スピーカーが鳴る音が聞こえた。

窓を開け、その内容を聞き取ると、火災が発生したとの知らせ。

「私の住んでいる町は、火事が起きるとスピーカーで市内全域に知らせてくれるんです。だけどなかなか聞き取り難いので、ピンポンパンポンって音が聞こえると、窓を開けて耳を澄ますのが癖になっていて」

放送によれば、火災にみまわれたのはWさん宅近所の民家であるらしい。

慌てて階段を上り、自宅二階のベランダから周囲を見回すと、谷を挟んで向かい側の地区から確かに煙が上がっている。

「うちの家は、谷状の土地に建っていて、真ん中の沢を中心に、燃えている家と私の家は、ちょうどV字型の端と端で対面していたんです、だから火事の様子が丸見えで」

煙は見る間に増え、そのうち、Wさんの目にも燃え盛る炎が確認できた。

谷には、消防車のサイレンが鳴り響いている。

Wさんの地区からも、消防団のポンプ車が出動したようだった。

固唾《かたず》を飲んで見守る彼女、しかしその目は、燃えている家そのものではなく、別なあるものに釘付けになっていた。

「燃えている家の屋根に、男の人だと思うんですけど、プロレスラーとか、お相撲さんみたいな、大きな人が立っていて、たぶん全裸で何かポーズを取っていたんです」

あれは何なのだろう？　逃げ遅れた住人にしては、様子がおかしい。

W家から燃えている家までは、地形を考慮しない直線距離で数百メートル、屋根の上の人間の表情までは見えないが、明らかに異常な光景だった。

「周囲には、もう真っ黒い煙が広がっているんです、あんな場所にいたら熱と煙に巻かれてとっくに動けなくなっていると思うんですよ、それなのに悠然と、踊りでも踊るようにポーズを変えて」

どこか嬉しそうに、まるで火事に乗じて自分の肉体を見せびらかすかのごとく、大男は屋根の上に居座ってポーズを取り続けた。

消防隊が到着し、放水が行われて始めても、誰も彼を救出しようとはしない。

ついには燃え盛る炎が延焼しはじめたのか、隣家からも煙が上がり始めている。

「ハラハラするなんていう、そんな気持ちじゃなかったです。あれは人に見えるけれど、絶対にそうじゃないなって、なんだかものすごく禍々しいものに思えてきたんですね、見ていると気分が悪くなるような……でも目が離せないんです」

その行動は、まるで炎に力を与えるような動きに見えたのだとWさんは言う。

放水が続く中、やがて大男は隣家の屋根に飛び移り、慌てふためく人々をあざ笑うように大きな体をくねらせはじめた。

その隣家もまた、黒煙を上げ、炎が燃え広がっている様子。

そして火の手が十分に回った頃、男は炎の中へ消えるように見えなくなった。

「鎮火したという放送が流れたのは、それから数時間後でした。後から消防団の人に聞いた話では、一戸建てが密集している地区だったので、火元まで大型の消防車が入れなかったそうなんです。だから時間がかかってしまったと。遠くから放水しても、手前の家に遮られて有効な消火活動には至らなかったらしく、その結果、奥の家への延焼を許してしまったって」

翌日の地元紙には、二軒が全焼したこと、火元の家から逃げ遅れたと見られる遺体が発見されたこと、それはその家に住む寝たきりの老人であったこと、が書かれていた。

「新聞はもちろん、消防団の人にそれとなく確認してみても、あの男の話は出ませんでした。もしアレが生きている人なら、きっと大やけどを負っているだろうし、だったら話題に出ないハズがないんで……」

悔い

B君のお祖父《じい》さんは、今年の初めに亡くなった。

「認知症を患ってグループホームに入って、その間に体調を崩して病院に入院、次に老健に入ってリハビリをして、最後は特養で八年間。長かった」

その間、会いに行くたびに「いつになったら家に帰れるんだ」と質問され、返答に困ったとB君は言う。

「そもそも家での介護が限界だったからグループホームにお願いしたわけでね……かと言って、いくら認知症でも『もう二度と帰れないんだよ』とは言えないから『そのうちね』とか、適当に誤魔化してた」

そんな中で、たった一日、自宅に連れ帰ったことがあった。

「病院から退院して老健に移る前に、親父が『親孝行させてくれ』って、うちで過ごさせたんだ。右半身にマヒがあったんだけど、介助さえあれば歩けたし、一日ぐらいならいいかと思ってたんだけど……」

上機嫌で帰宅したお祖父さんだったが、夜の間、家族が目を離した隙に、自室のいたるところに自分の便を塗りたくっていた。

「朝になって、それに気付いた親父が怒鳴っちゃったんだよ。そしたら祖父さん『ここは俺が建てた家だぞ！』って大声で反論してね、壮絶だったよ、うんこまみれで叫ぶんだもん」

後に父親は「あの親父があんな風になるなんて」と、泣いていたという。

「親父にとって、祖父さんは自慢の父親だったから、人格が崩れていく様を見たのはショックだったんだと思う。だからそれ以降は、一度も祖父さんを家に連れて帰ったことはないんだ。うんこまみれはこりごりだったし、何よりも親父が嫌がったからさ」

グループホームに入所中は、おだやかで評判の良い生活を送っており、弄便癖《ろうべんへき》などなかったのだそうだ、よりによって最悪なタイミングで粗相《そそう》をしたものだとB君。

「ただ俺はそれ見て、犬が縄張りにマーキングしているみたいだなと思ったよ。リフォーム済みとはいえ、元は祖父さんが建てた家に違いなかったからね。もう帰って来れないことを悟って、家での自分の存在を主張するために、そんなことをしたんじゃないかなとかね……まぁ、もっともアレがなければ、その後も外出許可貰って家で過ごすことがあったのかも知れないけど」

お祖父さんの葬儀が終わって少しして、B家に妙な話がもたらされるようになった。
「同じ市内に住んでいる親戚たちから『祖父さんが町を歩いているのを見た』って報告がポツポツ入ってさ、それは『不自由な体から抜け出して自由を満喫しているんだろう』って、肯定的なニュアンスだったんだけど……親父が気にしてね……『家に戻って来ようとしてるんじゃないか』なんて言い出して」

ちゃんと葬式をあげ、立派な墓も用意したのだから、そんな話を真に受けるのは馬鹿らしい、そう父親を一喝したB君だったが、思うところもあるとのこと。

「いやさ、死ねば無になるんだろうと、俺は思っているけれどね。でも、そんなの自分が死ぬまではわからないじゃない？　実際にどうなるのかなんて。もしかしたら霊魂なんてものが本当にあって、その結果として祖父さんが町を彷徨《さまよ》っているのだと考えた場合、どうして真っ直ぐ家に帰って来ないのかっていうと、認知症だったからだよね、死んだ後も認知症が治ってないからその辺をウロついてるんだよ。だとすればさ、坊さんがいくら引導渡したって、成仏なんてできるわけもないと思うんだ、認知症なんだから、何言われてるかなんてわかんないんだから。ボケた祖父さん用に、経文をかみ砕いて読み上げるなんてことしてないしね。そうなると、うちの祖父さんが死んだ後に目撃されてるってのも、霊魂があるのだと仮定した場合に限れば、道理は通ってると思うわけ。あれだけ家に帰りたがってたのに、葬式だってセレモニーホールで、そっから直に墓の下だったし……」

「人任せにするばかりじゃなく、もう少し介護に関わっとけばよかったのかも知れない。妙な話を真に受けるのは馬鹿馬鹿しいと思いつつ、こんなことを考えてしまうのは、自分たちがやってきたことに悔いがあるからだと思うんだ」

手形

J君は老人ホームで働いている。

「うちは特養で看取《みと》りにも取り組んでいるので、入居してから亡くなるまで、ずいぶん長いつきあいになるんですよ」

これまで思い出深い入居者は大勢いたとのことだが、その中でも特に印象深かった方について話を聞いた。

「Kさんという八十代の女性で、長いこと一人で暮らしていたそうなんですね。それが脳梗塞を患って歩行が不自由になり、独居は困難ということで施設入居に至ったと」

軽い認知症はあるもののコミュニケーションは十分にとれ、他の入居者と比べれば身体的な面での手間はかからなかった。

「ただ、職員に対して好き嫌いがあったんですよね。若い職員は良いけれど、齢をとった職員はダメっていう風に。なので介助を行う人間によって難易度が変わるんです。嫌われている職員が歩行介助に入ると、わざと転ぼうとしたりとかするんで」

そんなKさんに、J君はずいぶん好かれていた。

「当時は一番若かったんで、俺がKさん担当みたいになってました。本来は担当制なんかなくって、手の空いた職員が適宜対応していくんですけれど」

歩行、食事、排泄の介助から、話し相手としてまで、J君はKさんの生活を支えた。

もちろん、他の入居者に対しても同じように接してはいたのだという。

「ただ、どうしてもKさんに関わる時間が多くなっちゃうんですよ、他の職員から『頼むわ』って投げられたりとかもあったし。まぁ、俺がKさんを介助することで職場がスムーズに回るのならと、引き受けていましたが……」

Kさんは、J君の献身的な仕事ぶりに気を良くしたのか、そのうち彼をわざわざ指名して、自分の介助を行わせるようになった。

仕方なくそれに応えるJ君だったが、やがてKさんの中に精神的な依存が生じていく。

J君が連休を取ると「私なんてどうでもいいんだ」と拗《す》ねて食事を摂らなかったり、

J君に代って介助についた職員へ暴言を吐いたり、様々な問題行動を起こしたのだそうだ。

「自分の仕事が評価されるのは嬉しいんですが、Kさんぐらいまでになるとね……俺だって毎日職場にいるわけではないですし……いくらその方が効率良くても、俺だけが関わり続けるってのは明らかにミスだったなと、反省しました。寂しい気持ちはわかるけれど、家族ではないので……」

そんなKさんとも、別れの時は来た。

「入居してから二年ぐらい経ってたと思います。朝、ベッドで横になっているKさんに声をかけたら様子がおかしかったそうで、看護師の判断で救急車が呼ばれて、そのまま病院で亡くなったと……俺は夜勤入りの日だったんで、夕方に職場に行ったら、もうKさんはいませんでした」

J君はKさんの冥福を祈りつつ、そのまま夜勤に入った。

居室はユニットごとに管理されており、それぞれに泊まりの介護士が一人つく。

いつも通り、慌ただしく仕事をこなし、深夜。

「突然、俺の担当ユニットの電気が消えたんです、ブレーカーでも落ちたのかなと思って確認に行こうとしたんですが……」

なぜか足に力が入らず、座っていた椅子から立ち上がることができなかった。

すると、みるみるうちに体全体が動かなくなり、J君は椅子に座った状態で固まった。

「最初は何がなんだかわからなかったんですよ、急に暗くなったと思ったら体が動かなくなって……え？　俺も病気？　って、そっちの方が怖くなって」

声を出そうにも口が開かない、自分の鼓動だけがやけに頭に響いてくる。

――そして。

「左の腕が、なんだか重いんですね」

まるで、誰かに掴まれてでもいるような、そんな感触。

それはヒヤリと冷たく、彼の腕を離さない。

――え？　Kさん？

なぜか、そんなことを思った瞬間だった。

「ふっと、明かりが戻って」

体も動かせるようになり、腕にまとわりついていた妙な感覚も消えた。

「時間にすれば一分とか二分とか、そんなものだったと思います。それで……」

と、J君が見せてくれたのは、その直後、彼が自分のスマホで撮影した写真。

左の前腕部に、まるでミミズ腫れのような赤い手形がついている。

「やっぱり怖くなって、あの後すぐに隣のユニットに駆け込んだんですよ。『こういうことがあった』って話したんですけれど、まぁ、信じて貰えなくて……腕を見せても『自分でやったんだろ』と鼻で笑われ、電気が消えたことについても『消えてなかったよ』なんて、話せば話すほど疑いの目で見られて」

そういう体験をした人たちは、往々にしてそのような扱いを受けるものだ。

「ただですね、じゃあどうやったらこんな手形が付くのか、ちょっとやって見て貰えますか？　どういう風にしてもいいんで」

言われて、自分の腕を自分で握ってみた。

すると、確かに握った後は付くが、指の部分は逆に白くなるのだ。

決して赤くなったりはしない。

それならばと、何度かビンタをするように叩いてみたが、今度は手形など付かず、腕全体が赤みを帯びるだけ。

「ね？　これ、普通にやったんじゃこんな手形なんて付かないんですよ……」

J君は面白そうに笑い「やっぱりKさんだったんだろうなって思うんです」と言った。

指供養

M氏は三十代の男性、船の塗装工をしている。

「うん、かなり疲れる仕事だよ、ホント、疲労感はハンパない。有機溶剤使うんでね、施工中はもちろん気を付けてるけど、気化した分はどうしたって吸い込んじゃうから。午前中の仕事終わって昼休みに、ずっとクラクラしてて、あれ、俺この仕事あと何年続けられるんだろうって思ったことある。五十とか六十になった時にどうなってるんだろうとかね」

「下地の処理して、シーラー塗って、クリアの後に錆止め三回で、まぁ外装だと最低でも五工程はある。鉄でできてるものが塩水の中を進むわけだから、俺らが半端な仕事をするど船なんてすぐにダメになるんだよ、そういう意味でも気は抜けないし、その上で美しく塗るっていう技術も必要だし、たぶん想像してるよりも大分大変だよ」

「天気とか気温、湿度なんかにも左右されるんだ。結露してたりすれば作業できないし、場合によっては途中で作業ストップなんてこともある。大体は朝の状況で決まるけどね。うん、だからそうなれば工期はどんどん押していくから、どうしたって無理しないと仕事になんないんだ。溶剤でラリったようになりながら仕事することもあるし。そう、だってそうしないと終わんないから」

「ああでも、この話は違うよ？　ラリってたからとかじゃない。俺だけが見たわけでもないし、そもそもその時は体調悪くなかったもの。ん？　いやいや、霊感なんてないよ、それまで幽霊なんて見たことなかったし、あれ以来見てないし。そもそもアレが幽霊だったのかどうかってのもわからんもん」

「いつも通り仕事が終わって、帰る前にションベンしたくなったから、便所に行ったたんだ。事務所の中じゃなくて、外にある方の便所。そんでまぁチャック下げて、構えてね、さあいざって時に、目の前にあった、指。なんつうの、便器の天井？　に、ポトッと。ああいや、指っつっても千切れたみたいな、ボロボロになってるやつ、爪がついてなかったら、なんだかわかんないような」

「うおッって、そりゃビビるでしょ、生の指だもん。そんでションベンしたかったのも忘れて、便所飛び出して事務所に行って『あの！』つったら『ないよ』って言うわけ、事務所の人がね。こっち何も言ってないのに何が『ないよ』なんだって、意味わかんなかったから、無視して『便所に指あんですけど』と、率直にね、そのまんまを言ったら『だからないよ』っつって、事務所の奴が」

「こいつは見もしねぇで何言ってんだと。俺はつい今さっき見てきたばっかりなんだし、実際それでビビって駆け込んだわけで。何よりもそんなのがあるってことは、誰かが大怪我してるってことだから、早くその人見つけて病院連れて行かないとヤバいと思って、そう、だからこっちはションベンもしねぇで急いだの。それをまぁノンキにね『そんなのないんです』って、何言ってんだ？　って思うでしょ普通」

「んで、俺もちょっとキレかけて『とりあえず状況だけでも確認してもらえませんかね』って、強めに言ったの。そしたら事務所の奴らが『ああ、いいから行ってこい』みたいな、いかにもめんどくせえっつう雰囲気でね、アゴしゃくりながらやってるわけ。いや、こいつらマジで頭おかしいんじゃねぇの？　そう思ってたら、一人ね、一番下っ端の女の子が来て、頭下げながら。それでその娘を連れてったわ、便所に」

「そんでドア開けて、ホラって、指さしたんだけど、無いんだよね、さっきの指。足元見たり、便器の中確認したりしたけど、どこにもない。アレ？　いや、でもついさっき……血痕も何もなかったから、俺も混乱して首捻るしかなくてさ。その様子見てた事務の娘が『これで四回目なんです』っつうんだな。何が？　って言ったら『Mさんで四人目です、ここに指があるって事務所に来た人が』って」

「最初の人の時は、驚いて何人かで走ったんだって便所まで。でも見れば指なんてない。

なんなんだって、みんな怒って帰って来た。そしたらしばらくして別の人が同じこと叫んで来た。また確認したけどやっぱりない。んで三人目も同じ、四人目が俺だったと。三人目の人の時に『ふざけやがって』と、揉めたらしいんだ、イタズラか何か知らねえけど、大人のやっこっちゃねぇべって」

「でも確かに見たからね、それだけは信じて欲しいって言ったらさ『よくはわかんないんですけど、さっき確認取れたので多分大丈夫です』なんて、またわけのわかんないことを言われて。確認？　なんの確認？　って訊いたら『三日前に事故ありましたよね？』と。そう、確かにその三日前に仕事中の事故で指を潰したが奴がいたんだよ、どうもソイツが、事故後に混乱して、あの便所に自分の潰れた指を捨てたらしいんだ、大便器、ボットン便所に」

「事故？　まぁあるよね、怪我は結構ある、大体手か足だな。その人の場合はさ、進水した船と岸壁の間に指挟まれたんだ。ホラ、俺らは普段ドックに入って動かない船を相手にしてるでしょ？　だから海に浮かんでる船見ても、つい手を出しそうになるんだよね、錯覚っつうか。自分らで塗装してるから、船が波に揺られてゆっくり岸壁に当たりそうになると『あっ』って思うんだよ、塗装剥げるって。それでつい手を出してしまう。まぁ当然潰れますよ、何トンもある船と岸壁に挟まれるんだから」

「これは怪我した本人に後から聞いたんだけど、挟まれた後で、ヤバいってんで便所に走ったんだと。とりあえず傷口を水で流して、便所の紙で押さえようと思ったらしい。ちょっとの怪我ならね、それで済んだんだろうけど、もう殆ど千切れてるような怪我だったから、水で流してる間に中指が第二間接辺りでもげたらしいんだな。そんで人差し指と薬指も酷いことになってるから、怪我してない右手で千切れた指を流しからツマミあげた。その時に、まぁ混乱してたんだろうね、自分の指なのに気持ち悪くなって、摘んだ指をそのまま便所に捨ててしまったと」

「で、さっきの話に戻ると『確認取れた』ってのは、その怪我した本人に確認が取れたということで、ソイツは『中指は怪我した時に海に落ちた』つってたんだって最初は。まぁいくら混乱してたとはいえ『便所に捨てた』とは言いづらいよね、後で面倒臭ぇことになっても嫌だし。でも事務の奴が『いや、今便所で指がさ〜』って話したら、ああって、実はって。カマかけたら乗って来たみたいな?」

「まぁ、関係がありそうなのはその事故ぐらいだからって言っても、よく関連付けたよね、その事務の職員も。労災の手続きのついでに訊いてみただけらしいけど。そんで事務方ではさ、一連の騒動は『その人の指の霊によるもの』ってことで決着がついたと。そこに飛び込んできたのが俺だったと、そういうことで」

「はっはっは、そりゃそうだ。なんだよ『指の霊』ってな、はっはっは、わかるよ、俺もそう思ったもん。百歩譲って怪我した本人が死んでましたってんならまだしも、生きてんだからさ。指だけ独立して幽霊になるなんてあんの? わかんない? はっはっは、でもさ、もっと笑えるのが、俺はそれを見てるってことでね、あっはっはっは、馬鹿じゃねえの」

「さっそく次の日だよ、怪我した本人と、指の霊を見た四人で、便所の前でね、神社の神主呼んで、お祓い。船なんかはそれこそ大勢の生き死にがかかってるから、そういう悪いゲンみたいなのは御法度なの。今回は労災だし、変な騒動もあったからね、無事故祈願ってことで。それ以来、っつーかその一回だけだけど、妙なモノは見てない。ホント、なんだったんだろうな」

「ただまぁ、考えてみれば職人の指だからね。さっきも言ったけど、頭がラリってても体は仕事するんだよ。そういう風に考えると、体を支配している脳よりも、俺らの場合は仕事の内容が染みついた体の方が優位にあるってのは言えるかもしれない。せっかく頑張って仕事覚えたのに、便所に捨てられたらかなわないよね、指としては。そりゃぁ化けても出るわ、はっはっは」

土産物屋にて

U氏とその奥さんが、とある地方へ旅行に行った時のこと。

二泊三日の最終日、お土産《みやげ》を購入しようという話になった。

立ち寄ったのは、土産物屋が多数出店している複合施設。

市内にある商店の一軒一軒を訪ねるのも楽しいが、時間の関係もあって全てを見て回るのは難しい、その点で、こういう施設はとても便利だ。

「そんでさ、店舗のなかをグルグル歩いて見て回ったんだ」

どうせなら気の利いた特産品のようなものを購入したい。

U氏は奥さんと連れ立って試食をしたり、店員に話を聞いたりしながら吟味した。

やがて、観光情報誌に乗っているような目ぼしい店をあらかた回った頃。

「婆さんがさ、ペコペコしてたんだよ」

自分たちがまだ立ち寄っていない店だった。

老婆は、店の前を歩く買い物客にいちいち頭をさげ、笑顔を振りまいている。

そんな様子に魅かれ店を覗いてみると、乾物屋のようだ。

「できれば生ものを産地直送で知人なんかに送りたかったから、乾物屋は頭に無くてね」

老婆はU氏に対し「どうぞどうぞ」といった手つきで、品物を勧めてきた。

商品を手に取ってみたが、しかしあまり魅力的な品物ではない。

ただ、熱心に頭を下げている老婆の手前、何も購入せずに立ち去るのは気が引けた。

「俺は自分が営業やってきたってのもあって、そういうの弱いんだよ。それに婆さんだろ？　自分のお袋なんかとも被ってなおさらね」

一品二品ぐらいなら買ってもいいかな、と思ったU氏は、手に取った商品の説明を聞くため、店先の老婆に声をかけようとした。

「スミマセンこれ、って、振り返ったらいないんだな、あの婆さん」

あれ？　どこだろう？　キョロキョロと辺りを見回すU氏に、奥さんが不思議そうな顔で声をかけてきた。

――お婆さんなんていなかったよ？

そんなわけはないと、なおも老婆を探すU氏だったが、どこにも見当たらない。

それどころか奥さんは「ここの店は態度が悪いから早く出よう」と言う。

見ると、レジの向こうではU氏と同い年ぐらいの中年男性が口を開けて居眠りをしていた。

「それを見て妻が『なんか不潔な感じがする』って言うんだ。確かにまぁ、商売っ気がないというか、いかにも『ダメな二代目』って風情で……」

そこでU氏は、ああ、と一人納得したという。

「たぶん、あの男の母親だろうと。息子を心配してんだなって」

勝手な思いつきではあったが、U氏は、あの老婆は既にこの世の人間ではないと思った。

考えて見れば、あれだけ店先でペコペコしていたのに、老婆の声を聞いていない。

「普通はさ、身振り手振りじゃなくて、呼び込みの声を出すでしょ」

妻が止めるのも聞かず、U氏は手に取った品物をレジに運んだ。

慌てて飛び起きた店主らしき男は、愛想よく笑いながら「失礼しました、暇すぎて……」と自身の非礼を詫び、店の品を数点、おまけとして包んでくれた。

「ああいうタイプの息子は、死んでも心配になっちゃうんだろうね」

――母ちゃんもそこで頑張ってるよ。

帰り際、そう声をかけると、店主は頭を掻きながらはにかんだそうだ。

置き土産

S君は、自分の娘であるYちゃんから、ある日こんなことを言われた。

――Fちゃんが○○のイチョウのてっぺんから落っこちた。

Fちゃんというのは、S君の姉の次男。

Yちゃんよりも二歳年下で、よく一緒に遊んでいた。

「○○のイチョウってのは、うちの実家の近くにある大きな銀杏の木で、俺も姉貴も昔はその辺で良く遊んでたんだ。まぁ子供にとっては定番の遊び場なんだけど……」

当時、娘のYちゃんは七歳、甥のFちゃんは五歳。

イチョウの木はかなりの大木で、五歳児が登ることなど絶対に不可能だとS君は言う。

「大人の俺だって登れないよ、最初の太い枝までだって二メートルぐらいあるし、そこに行くまでに足掛かりになるような枝もないんだもの」

有り得ないことではあるが、仮に娘の言うことが本当だとすれば、Fちゃんもただでは済まない。そうなると今頃は大騒ぎになっているはずだ。

「だからまぁ、小さい子供にありがちなホラ話だろうと」


また別の日、Yちゃんは言う。

――Fちゃんが川に流されて見えなくなった後、すぐに戻って来た。

少し離れたところに、確かに川があった。

S君が休みの時など、これまで何度か家族で遊びに行ったこともある。

水場は危険なので、子供だけで近づかないように、と言い含めてもいた。

ただ、子供の足では遠かろうと思い、あまり心配はしていなかった。

「『川に行ったの？』って訊いたら、悪びれもせずに頷くんだよ。危ないなと思って叱ったんだけど……」

――大丈夫だよ、Fちゃんも大丈夫だったもん。

Yちゃんはそう言い、けらけらと笑った。

「本当に川に流されたんなら大事《おおごと》になってるだろうし、またホラ話なのかなと……」

念のため、昼間に子供の面倒を見ていてくれる実家の両親に話をしてみたが、Yちゃんも F ちゃんも、家の近所、目の届く範囲で楽しそうに過ごしているとの返答。

「しかしそれにしても、なんでこんなホラばかり吹くんだろうなって」

その後も、Yちゃんの「ホラ話」は断続的に続いた。

――Fちゃんが○○さんの家の二階の屋根に上った。

――Fちゃんが洗剤を美味しそうに飲んだ。

――Fちゃんが車に轢かれたけど大丈夫だった。

などなど。

あるいは、S君をからかっているつもりなのかも知れなかった、しかし、子供の想像力というにはいささか度が過ぎ始めている。ホラ話の通りとは言わないまでも、似かよった危険な遊びをしているのではないか？　そう感じ、自身の姉にYちゃんのホラ話を伝えた。

「そしたらさ、難しい顔して『あの子（Fちゃんのこと）は、ホントにわかんないの』って言うわけ。どういう意味？　と思って、詳しく話聞いたんだ」

彼の姉によると、Fちゃんは時々、不思議なことをしでかすのだという。

——どこに行ったのか姿が見えなくなって、家中探しても見つからない。困り果てて警察に相談しようかと話し合っていると、ついさっき探したばかりの所からひょっこり出てきた。

——嫌いな食べ物を残す癖がついたので、叱りつけて食べさせようと見張っているなか、口に運んだ様子もないのに、いつの間にか皿から食材が消えていた。

——Fちゃんよりも四つ年上の兄が、なぜか理由も述べずに「Fと一緒に居たくない」と言って泣く。

それはまるで、S君が自分の娘から聞いたホラ話のようであった。

基本的に手はかからないのだが、時々説明がつかないようなことをするので、自分の子供ながらに気味が悪くなる時もあると、姉は言った。

「いやさぁ、姉貴が真顔で言うもんでね。その上、娘のホラ話でしょう？　こっちもなんだか不安になってきてさ。放課後は実家に寄らせずに、学童保育に預けることにしたんだよ」

これで自分の娘は妙な話をしなくなるだろう。仲良しだったFちゃんに悪い気はしたが、彼らはまだ子供、遊びがエスカレートして危険な状況になることは避けたかった。

それから約一か月後の朝、眠い目を擦りながら起きてきたYちゃんが言う。

「盛岡に行って来た」

突拍子もないことを言い出した娘を前に「夢で?」と訊くと、強く首を振って「Fちゃんと。もう最後なんだって、だから連れて行ってくれた」とのこと。

盛岡? Fちゃん? 最後?

何をどう理解すればいいのかわからず、詳しく娘に話を聞こうとした時、洗濯物を干していたはずのS君の嫁が、オロオロした様子でリビングやってきた。

「Fちゃんが亡くなったって……」そう言うと、その場で泣き崩れた。

「朝になって、姉貴が気付いた時には息をしていなかったらしい」

突然の訃報に言葉を失っているS夫妻の横で、Yちゃんは「ああ、だから最後だって言ってたのか」と、呑気そうに言った。

Fちゃんの死から一年後、一周忌の席でのこと。

「Yの奴が『Fちゃんて誰？』って言うんだよ、あんなに仲良しだったのに。場所も場所だったから、さすがに俺もカチンと来て、怒鳴《どな》っちゃったんだけど……」

その様子を見ていたS君の姉が、彼を制するようにして言った。

——うちの上の子（Fちゃんの兄）もそうなの、自分の弟のことを覚えてないって。

ストレスコーピングの一種なのだろうか？　身近な人間の死に対し、そのショックを和らげるために自然とその存在を忘れるという、心の防衛機制。

「いやね、そしたら姉貴の奴もさ『私もぼんやりしてて、なんだか夢みたいで』って言うんだよ。そりゃぁ息子を亡くしてまだ一年なんだし、そんな風にもなるよって言ったんだけど、どうやらFの存在自体が夢だったようだと、そんな口ぶりでね……」

どう言葉をかけていいものやら、言葉に詰まったS君に、姉があるモノを見せた。

派手な衣装を身に着けた、小さい木製の馬。

それはFちゃんが亡くなった朝、枕もとにあったものらしい。

——こんなの買ってあげたことない。

そう呟く姉の横で、S君も硬直してしまった。

「それさ、チャグチャグ馬コっていう、盛岡辺りの民芸品なんだよ。そういや、Yがあの朝『盛岡行って来た』って言ってたなと思って……」

S家と盛岡は車で二時間程の距離にある、何よりも、近所の地名すら覚束ない娘が、はっきり「盛岡」などと喋ったことに違和感を覚えてはいた。

「ただ、あの日はFが死んだってんで、急にドタバタしたもんでね、それどころじゃなくなってたから……」


不思議な子供は、やはり不思議な置き土産を残していった。

「なんていうか『自分が忘れられる』ってことを、見越していたみたいにも思えてね。せめて母親には覚えていて欲しくて、そんなものを残したのかな、とか」

それが、どうして遠い町の民芸品だったのかは、わからないけれど。

死んだ人

K君が小学生の頃、その日は、父親と実家近くにある浜辺で遊んでいた。

すると、どこからか「おーい」という声が聞こえてきた。

キョロキョロ辺りを見回したところ、沖合から手を振っている人がいる。

思わず「おーい」と手を振り返した瞬間、父親がK君を担ぎ上げた。

父親は無言で、K君を担いだまま海とは逆方向にずんずん進んで行く。

「まだ遊びたい」と言うK君に「あんなもん見えだ日は遊ぶもんでねぇ」と父。

「誰なの?」と問うと「死んだ人だ、海の上に立ってだべ」と言われ、納得したという。

朝の墓地

今から三十年ほど前の話。

当時、Y君は早起きな小学生だった。

両親の言いつけで夜の八時半には寝ることになっていたため、どれだけ頑張って寝ても朝五時には目が覚めてしまう。

早寝の結果としての早起きであるから、目覚めもスッキリしたもので、二度寝を試みたり、布団のなかでぐずぐずしてはいられなかった。

学校のある日は、そのまま居間に行ってテレビをつけ、早朝再放送のアニメなどを見て過ごすが、休みの日はこっそり家を抜け出し、朝の散歩を楽しんでいた。

小学三年か四年の頃。日曜日、早々に目覚めた彼はいつものように家の近所を一人で歩き回っていた。まだ寝ているであろう友人の家の窓に小石を投げてみたり、だれもいない公園の遊具を独り占めしたり、それなりに楽しかったのだが、ふと、もう少し遠くへ行ってみようかという気になった。

時刻はまだ五時前、秋に差し掛かって日の出も遅れ始めた時期。薄暗い中を適当に歩いてたどり着いたのは墓地だった。これまで一人では来たことの無い場所、夜なら怖いが朝である、興味をそそられずんずん進んで行くと、墓地の中に東屋《あずまや》が見えてきた。近づくとどうやら水汲み場であるらしく、柄杓《ひしゃく》や手桶《ておけ》がずらりと並んでいる。

蛇口をひねって水を出し、柄杓でその辺に水を撒くなどして遊んでいると、墓地に隣接した杉林からぞろぞろと人がやって来た。見れば、自分の祖母と同年代ぐらいの老人たちである。

Y君は経験上、年寄りも朝が早いということを知っていた。いつも、早朝にすれ違うのは新聞配達か老人であった。ただ、朝に会う年寄りは、Y君を見かけるとだいたい、いらない声掛けをしてくるので、できるだけ避けるようにしていたのだった。

内心「嫌だな」と思いつつ、そしらぬ素振りで水撒きをしていたのだが「どこの孫だ?」「こんな朝から」「おやおや」などと聞こえた後で、連中はやはり声を掛けてきた。

振り返ると、なんだか汚らしい格好をした爺さんや婆さんが四、五人。

適当にあしらうか、あるいは黙って立ち去るか、逡巡している間に、彼らは東屋に腰かけ、菓子を出しはじめた。Y君はまだ朝食前、腹が空いていたところだった。

「いっしょに食べなさい」そう言われ、少しぐらいならつまんでもいいかと歩み寄る。出されるままに菓子を口に運んでいると、なんだか楽しいような気持ちになり、いつの間にか年寄りたちと盛り上がってしまったそうだ。

帰り際、年寄りの一人が「次はもっと早く来なさい」と言い、百円玉を手渡してきた。菓子をごちそうになり、小遣いまでくれた、身なりは貧しいが、いい人たちだ。

すっかり篭絡《ろうらく》され、いい気になったY君は、次の日曜の早朝も墓地に向かった。

時刻は前回よりも更に早い四時半、約束通りだった。

東屋に腰かけて間もなく、やはり杉林の方から、年寄りたちがやって来た。

なぜか前回よりも数が多い、十人近くいる。

「めんこい孫だ」「めんこい、めんこい」

そんなことを言われつつ、笑いかけられ、撫でられ、菓子を振る舞われ、小遣いをもらった。

「次はもっと早く来なさい」

老人たちは頷くY君を見てから、杉林に向かい去っていく。


更に次の日曜日、Y君は午前三時過ぎに目覚めた。

どう考えても、まだ夜である、外はうすぼんやりともしていない。

でも自分は、あの老人たちに、もっと早く来ると約束をしている。

意を決して布団から起き上がり、暗闇の中を墓地へ向かった。

今考えれば、どうかしていたとY君は言う。しかし当時はまだ子供、年寄りから貰える小遣いにすっかり目が眩《くら》んでおり、そのためだけに勇気を振り絞った。

百円は、当時彼が集めていた、おまけシールつきのチョコ菓子を三つ買える金額、貰えるものなら、いくらでもお金が欲しかった。

着いた東屋には、既に年寄りたちが集まっていた。

まだ暗い中、ハッキリと人数は確認できないが、先週よりもっと多いようだ。

多分、菓子を食わされ、撫でられ、話を聞かされたり、話をしたり、そんな感じだったのではないかとは現在のY君の弁。

その時のことは、あまりよく覚えていないという。なんだか終始ふわふわと夢見心地で、妙に気持ちが良かったことだけは記憶にあるらしい。

Y君はその後、夜明けに東屋で一人目覚めた、どのタイミングで別れたのか、年寄りたちはいなくなっている、
いつの間に眠っていたんだろう、体は冷え切っており、気怠《けだる》い。

家に帰ると時計は七時、母親が朝食の準備をしていた。

その日から数日間、彼は熱を出して寝込んだ。


そしてまた、日曜日。

やはり三時過ぎに目覚めたY君だったが、その日は墓地に行く気にはなれなかった。

なぜなら先週、子遣いを貰えなかったからだ。東屋で目覚めた際、気怠いなかで自分のポケットをまさぐって確認したが、百円玉はどこからも出て来なかった。あの年寄り連中から金が貰えないのなら、わざわざ勇気を振り絞って闇夜を駆ける理由はどこにもない。さて何をしようか、布団の中で考えていると、何やら外が騒がしい。

ざわざわと、大勢の人間が喋っているような気配。

あ、もしかすると連中がやって来たのかもしれない、そう思った。

先週、夢見心地のなか、うかつにも自分の家の場所を喋ってしまっていた可能性は十分にあった、あるいはもっと前に、なんの気なしに言っていたような気もする。

何の用かは不明だが、まさか家を訊ねて来るなんて。もし親に彼らとの付き合いがバレ、子遣いまで貰っていたことを知られたら、きっと大目玉を食らうだろう。そう思い、Yくんは布団の中で震えた。

来るな来るな来るな、そう念じながら騒がしい声が行き過ぎるのを待つ。

両親は二階の隣室で、ぐっすり眠っているようだ。

しかし一階で眠っていた祖母は騒がしさに気付いて目覚めたのか、シャッ、と玄関のカーテンが引かれる音が聞こえた。

同時に「うわぁぁっ！」と驚いたような声が家に響く。

叫び声を聞いた両親が、バタバタと階段を降りて行く、Y君も恐る恐るそれに続いた。

玄関では、祖母が腰を抜かしたように座り込んでおり「化け物！　化け物！」と外を指さし叫ぶ。

父親は、その様子を見て一瞬怯《ひる》んだように見えたが、自分を鼓舞するように「何言ってんだ」と吐き捨てると、首を捻りながら外の様子を伺った。

やがて呆れたようにため息をつきながら「何も無いよ、寝惚けたんだろ」そう言ってカーテンを閉め、なお怯える祖母を寝室へ連れて行った。

「Yも寝なさい」そう促され、寝室へ戻ったY君だったが、祖母の言った「化け物」という言葉が頭から離れず、悶々としたまま時間が過ぎるのを待った。

朝、起きてきた祖母は、Y君の「化け物ってなに？」という質問には答えず、はにかみながら「そろそろお迎えが来たのかもしれないね」と言って、頭をかいた。

「寝惚けていたんだよ」父親はそう言って笑っている。

その一件があってから、Y君は朝の散歩を止めた。

あの年寄りたちがなんだか怪しく思え、怖くなったからだ。


現在、三十代後半になったY君は言う。

「今思うとやっぱ妙な話だよね。こうやって筋道立てて話すと、墓地の年寄りたちが、実は化け物で、俺の家まで迎えにやってきたのを婆さんが目撃したって話になっちゃうもんなぁ。でも『化け物』がお菓子や小遣いをくれるもんだろうか？　自分が体験したことだけに、かえってそれを怪談的に理解することが難しいというか……でも確かに、墓地に子供を呼び出す年寄りって、普通じゃないよなぁ」

馬のお面

「ちょっとナニこれ」

奥さんはそう言って笑いながら、J氏にスマホを手渡してきた。

子供たちの通学路に不審者が現れると、一斉に流される注意喚起のメール。

内容は「馬のお面を被った全裸の男の目撃があった」というもの。

変質者にしても酷いセンスだと笑い続ける奥さんに、J氏は「それは多分お面じゃないよ」と言いたかったが、笑われるだろうから黙っていたという。

彼もまた今から三十年ほど前、同じような人物を、同じ通学路で見かけている。

その時は親にも先生にも笑われたが、今はこうしてちゃんと注意喚起が促されるので、時代は変わったのだなと思ったそうだ。

空想神社

Uちゃんが、まだ小学生の頃のこと。


「変な話なんだけど、ずっと不思議に思ってたんだよね」

彼女がいつも友達と遊んでいた公園の近くに、木々に囲まれた空き地があった。

それは公園のフェンスの向こう、なだらかに傾斜がついた土地。

「あれぇ？　なんで神社がないんだろうって。言ってる意味わかる？」

どうやら彼女は、その土地に「神社が建っていない」ことに違和感があったらしい。

そもそも単なる空き地なので、神社が建っていないのならそれはそういうもの。

これまで誰も神社を建てようとは思わなかったという、それだけの話なのだが。

「なんでなんだろうね、あそこの土地には神社がないとダメだよなって思ってたの。なぜかは自分でもわかんないんだけど、神社があって然るべきなのにって」

なんの変哲もない単なる斜面に、なぜそんな違和感を覚えられるのか、子供の考えることとは言え、ずいぶん突拍子もない話だ。ただ、彼女によれば小学校低学年の頃から既にその思いはあり、高学年になるにつれ、より強くなっていったのだそうだ。

「だから五年生かな？　夏休みの自由研究で近所の神社の由来とか調べたりもしたんだ。もしかしたらあの空き地には、昔神社が建ってたんじゃないか、今はもう無いだけで、とか」

しかし、当時の彼女に調べられた範囲では、そんな記録はどこにもなかった。

「納得いかなくてね、絶対におかしい、どうして神社がないんだろうと」

そんな思いが昂じてか、やがて何もない空き地に、彼女は神社を作り始めた。

もちろん彼女の空想なのだが、それはそれは立派な神社であったという。

「心の中でその空き地に神社を建てたんだよね、こういう神社だな、石段は何段で、こんな木が植えられていて、っていう。具体的に思えば思うほど、よりしっかり『見えて』来るの、実際にはない神社が、本当にあるように見えるの」

何もない暇な日は、公演のフェンスに寄りかかって、その空想の神社を眺めつつ、うっとりしていたというから相当なモノだ。

「それで、もう完全に頭の中で神社が完成して、それを実際にあるものだと思い込めるようになったぐらいから、不思議な夢を見だしてね」

例の神社に、動物がやってくる、そんな夢だった。

「私が神社の前に立っていると、猫とか犬とか、タヌキとかキツネ、鷹《タカ》にイノシシ、色んな動物がやってくるの、その度に『どうぞどうぞ』って、神社の中に入ってもらえるようにおもてなしするんだけど、皆なんだか半笑いで、小馬鹿にしたように首を振って帰って行くのね、本当に悲しくて、泣きながら目が覚めて」

夢の中とは言え、自分の神社が虚仮《こけ》にされる状況に我慢がならなかった。

その状況を覆そうと、実際にある格式の高い神社の写真を見たり、あるいは図書館で神社に関する本を借りてきて読んだりして、彼女は空想の神社をグレードアップさせていく。

「見栄えよく見せるために、自分の好みじゃないデザインも取り入れたりして、神社をより大きく立派にしていったんだよね、そしたら――」

今度は動物ではなく、鎧《よろい》を着た武士風や、日本髪を結った女性、褌《ふんどし》一丁で髭面《ひげづら》の老人など、人間が夢に現れるようになった。

「でもやっぱり中には入ってくれなくて、興味深そうに見てはくれるんだけど、最終的には苦笑いみたいな感じでいなくなっちゃう」

その「夢の作業」に没頭するあまり、一時期は体調を崩しがちになり、たびたび学校を休むなど、なかなかシビアな状況に陥ったと彼女は笑う。

「動物じゃなく人が現れるようになってから、日常的に疲れやすくなって、ちょっとどうかなと思うようになったんだ。神社の形を想像し続けることもしんどくなってきて」

そのため心ならずも、自分に負担がかからない程度にイメージを組み替えたのだと彼女は言う。結果、空き地にできたのは小さな祠《ほこら》だった。

「サイズとしては、それまでの何百分の一ぐらい、でもそれが私にとってちょうどいいスケールだったんだと思う」

夢の中には動物も人間も現れなくなったが、Uちゃんは身の丈にあった想像の下、その祠のイメージを大切に守り続けた。

「ちょうど小学校の卒業時期に、祠の前に小さいカエルがやってきたんだよね、もちろん夢の中での話なんだけど」

カエルは、それまでの動物や人間と違い、ずいぶん恐縮した様子でUちゃんにペコペコすると「自分が入っても良いか？」と問うてきた。

「わぁ、っと嬉しくなって、小さいですがどうぞって言ったら、喜んでぴょんぴょん跳ねて、神社の中に入って行ったんだ。すごく可愛かったんだよねぇ」


それから間もなくのこと、例の空き地が宅地として造成されはじめた。

「太い杭を何本も地面にバンバン打ち込んでて、どうやらかなり大きな家が建つって話だったの。ああ、どうなっちゃうんだろうなと」

現実の環境が変わったためなのか、カエルが入った祠をイメージすることも難しくなり、そのうち妙な夢を見ることも無くなっていった。

「その頃に生理が始まって、気分がそれまでと違ってきていたのも大きかったと思う。小学生の頃のようにイメージに対する集中力が無くなったというか」

中学一年の夏休み、例の空き地だった場所に完成したのは、門まで構えてある大きな家。そこには、Uちゃんと同学年の男の子がいる一家が引っ越して来た。

「その男の子とは同じ中学だったの、なぜかすぐに仲良くなったんだよね。自分で言うのもなんだけど、私は男の子にモテるっていうタイプじゃなかったから、異性としては初めての友達で」

そしてそのまま二人は付き合い始め、十数年後、結婚するに至る。

「初めて彼の家に遊びに行った時、門の内側に小さい祠が建っていて」

聞けば、家を新築するにあたり、彼の家では土地の選定でモメていたのだそうだ。

「これは彼のお祖父ちゃんの話なんだけど、その頃、夢に一匹のカエルが出てきて『○○に良い土地があるから、どこどこに相談しろ』と、そう言われたんだって」

試しにその通りにすると、一家の希望通りの土地、つまりUちゃんの神社の敷地に行きついた。

「夢のこともあって縁起が良いからって、祠を建てて、カエルの置物を置くようになったって話でね。ホント、出来過ぎてて悪いんだけど」

その自覚があるためか、彼にも彼の家族にもこの話は秘密にしているという。

夢から飛び出た祠は、今もしっかりUちゃんが管理しているとのこと。

関連性

二十代のOL、Cさんの話。

「とにかく眠いんですね。寝ても寝ても眠いんです。特に体が疲れているとかそういうわけではないんですが、夜にいくら寝ても、昼間に眠くなっちゃう」

体調が悪いわけでもなく、職場に行けばしっかり仕事もできるのだが、頭の中にはいつも必ず「眠い」という気持ちがあり、実際、横になればコロっと寝てしまう。

「仕事に集中できないとか、日常に支障を来たすとかじゃないんです。居眠りしちゃうわけでもないんですけど、そうだなぁ、どう説明すればいいんだろう……」

一度ならず、病院に行って相談したこともあるらしいのだが、突発的に眠ってしまうとか、抗《あらが》えない睡魔によって何も手に付かないということがあるわけではないため、医者にはあまり相手にされなかったと彼女は言う。

「表現が難しいんですよね……『眠い』というより『寝たい』なのかなぁ、例えば休日なんかに、ちょっとどこかに行こうかなとか、楽しいことしたいなって思っていても、それらを差し置いて『寝る』っていうことを最優先にしちゃう、それで寝て起きた後に罪悪感みたいな……なんで寝ちゃったんだろうなぁっていう」

いわゆる「寝坊助《ねぼすけ》」とも違い、朝寝坊したりすることもなく、いつも目覚めはスッキリしており、快眠を連発している。

「スッキリ目覚めた後であっても、何もすることがなければ『よし寝よう！』って思ってしまうんです。タバコとか吸う人に近いのかな？　睡眠依存みたいな」

アクティブに過ごしている友人などを羨ましいとも思うし、自分もそうありたいと希望しているのだが、そうはなれない、何事に対しても睡眠が優位に来てしまう。

「病院で検査も受けたんですよ、ホルモンとか色々。でも『数値上はとても健康です』って、そりゃそうなんです。良く食べ良く寝て良く仕事する、単純にそういう生活なんで……でもそれが不満っていうね」

「それで今みたいな内容を、行きつけの美容院で担当の人に話したんですね、軽い感じで。そしたら『犬とか、四本足の動物に取り憑かれているとそういう風になるみたいですよ』って。だからドッグフードを小皿に入れて玄関に置いておくといいって」

犬はもちろんのこと、動物との接点など殆どないCさんだったが、実際にどうなのかは別として、一種のおまじないのようなつもりで言われた通りにしてみたのだそうだ。

「ドライタイプのドッグフードを買ってきて、玄関の所に何粒か、小さな皿に乗せて置いてみました。一応そうした方がいいのかな？　って思ったんで、手も合わせてみたりして」

一週間ほど続けた時点で、効果はないなと感じた。

ただ、せっかくドッグフードを買ったので、途中で投げ出すのも勿体なく思えた。

「せっかくだし、全部なくなるまではやってみようと」

一か月ほどで、ドッグフードはなくなった。

やはり効果はみられなかったが、最初からおまじない程度のつもりで始めたことだったため、諦めてそれ以降はすっかり止めたのだそうだ。

「その頃からですね、何日かに一回ぐらいの割合で、コンコンって、夜中にアパートのドアをノックされる音で目が覚めるんです。私、寝付いたらグッスリで、小さな物音で目覚めるなんてなかったんですけど……」

若い女性の一人暮らし、しかも夜中である、知り合いが何の連絡もなくやってくるわけもない。では、この音は？

「どうあれ誰が来たって、真夜中にドアなんて開けるつもりなかったので……眠る方が大事だし、しばらくは無視してたんですが……」

やがて、ちょっとした変化が起きた。

「最初はノックの音が原因だったんですけど、いつの間にかノックされる直前に目が覚めるようになったんです『あれ？』って思ってると、コンコンとドアが鳴る」

不思議に思ったCさんは、ある日、音が鳴った直後にドアスコープを覗いてみた。

「ちょっと怖かったですけどね」

しかしドアの向こうには誰も居ない。

状況は、一年経った今でも続いている。

「週に二回ぐらいですかね、あの後も何回か覗き窓から確認してみたんですが、やっぱり誰もいませんでした、それで……」

ちょっと困っていることがあるとのこと。

「これは、単なる不注意かもなんですけど……ここ数か月、外出の際にアパートの鍵をかけた後で、それを挿しっぱなしのまま出かけちゃうことが何回かあって、しかもそのことに帰ってくるまで気付いてないんですね。部屋の前に来た時にドキッとして」

つい先日は、二日連続でそんなことをやらかしてしまった。

「ちょっと考えられないじゃないですか？　幸い、誰かが部屋に侵入しているとか、泥棒に入られたとかはないんですけど……」

ドアをノックされることはあっても、相変わらず睡眠はしっかりとれており、朝イチで寝惚けているというのも考えにくいとはCさんの弁。

ドッグーフードの件と、ノックの件と、鍵を挿しっぱなしの件。

それぞれにどういう関係があるのかは不明だが、彼女にはそれが一連のできごとであるように思えてきているという。

感受性

その日、Hちゃんは大通りに面した喫茶店にいた。

友人と待ち合わせの約束をしていたのだが、予定の時間に大分遅れてしまいそうだと連絡が入ったため、コーヒーを飲みながら、ぼんやりと外を眺めていたそうだ。

「あれ？　って思ったのは、通りを歩いていた男の子が派手に転んだのを見た時」

そういえば、さっきも誰かあそこでつまずいていなかったか？

気になってそのまま観察を続けたところ、何分かに一回ほどの割合で、やはり同じようにつまずいたり、転倒しそうになったりする人がいる。

地面に凹凸でもあるのだろうか？

そう思って注意深く目を凝らすと、なんだかおかしい。

「ちょうど皆が足をとられるその場所だけ、ぼんやりとモザイクがかって見えて」

モザイクは広がったり縮まったりしながら、道行く人の足に絡み付いている。殆どの人は、それをものともせずに通り過ぎて行くのだが、中にはさっきのようにつまずいたり、バランスを崩して転倒しそうになったりする人がいる。また、そこまではいかなくとも、何やら足元を気にする素振りをする人たちもいた。

「幽霊？　ではないのかもだけど、何か不思議なものだろうなとは思った」

人通りの絶えない大通り、彼女が眺めていた数十分の間に、見当もつかないほど大勢の人間が通り過ぎて行った。

気にせず通り過ぎる人、足元を気にする人、つまずいてバランスを崩す人、そして転倒してしまう人。杖をついたお婆さんが当たり前に通り過ぎて行ったかと思えば、部活帰りらしい高校生がつまずいたりもした。どうやら身体的な問題ではないらしい。

「ああ、これって感受性の問題なのかなと。えーとね、うちのお祖父ちゃんは九十歳になるまで何万本と煙草を吸い続けた人なんだけど、肺の病気にはならなかったんだよね。でも私はお祖父ちゃんの煙草の副流煙だけで気持ち悪くなって、喘息《ぜんそく》っぽくなっちゃったりしたんだ。人それぞれっていうか、同じ物事でも、影響を受けにくい人と、影響を受けやすい人がいるんだと思う。多分アレも、そういうことだったのかもね。まぁ、あのモザイクの正体がわからない以上、何に対する感受性なのか問われても、答えようがないけれど」

おそらくは彼への信頼ゆえ

人口数千人の離島に住んでいる四十代の男性、S氏から伺った話。

「島だから娯楽なんて何もねぇのよ。せいぜいがスナックで酒飲むかカラオケするぐらいのもんで。だから皆で集まって麻雀をよくやるんだ、あれはナンボやっても飽きねぇから」

彼とU婆さんは、そんな麻雀友達の一人だった。

「いやいや『麻雀友達』なんて生ぬるいもんじゃねぇ。こちとら高校生の頃っから小遣いかっぱがれてたんだ、仇みてぇなもんだわ、あっはっは。そもそも麻雀だって、あのババアに仕込まれたんだよ。メンツ足りねえって、ガキ引っ張り込むんだもんなぁ」

U婆さんは、若い頃に島外で水商売をしており、その際に知り合った島出身の漁師と結婚、以降は島内で生涯を過ごした。

「キップのいいババアでね、俺もガキの頃から知ってたんだ。そんで、いつの間にか一緒に牌をつままされて、俺が年取るごとにレートも上がっていってよ、ん？　ああそりゃモチロン、金のやり取りがあっから面白ぇんだろ、ノーレートの麻雀なんて暇つぶしにもなんねぇ」

負ければ半荘《はんちゃん》あたり数千円が飛ぶというから、皆それなりに真剣になる。

「始まったら半荘では終わんねぇもんで、最終的に数万円のやり取りになんだけど、ババアが金払ってんの見たことねぇ。かなり強かったんだ。俺らから見るとヤケクソみてぇな打ち筋なんだけど、ケチな役を拾わねぇんで、あたるとデカい。こっちが振り込まなくても、自分でツモっちまうから、調子いい時なんて手が付けらなくて」

そんな具合で、かれこれ二十年ほど、Ｓ氏と一緒に雀卓を囲んだＵ婆さんだったが、寄る年波には勝てず、数年前、病に伏した。

「十七、八の頃からの付き合いだから、そんな俺が四十超えたっつぅことは、ババアも同じだけ歳取ったんだよ、そりゃ病気にもなるよなと」

病を得た当初、本土の大きな病院に入院していたＵ婆さんは、もはや打つ手がないと知るや否や、島での生活を再開した。

「最初のうちは元気でね、俺らといつもどおり雀卓囲んだりしてたんだけど、一年経ったか経たないぐらいから、ガタっと調子を崩してさ、殆ど家から出て来なくなった」

息子夫婦による介護と、島内にある診療所の医師による往診を受けながら、それでも生活は最後まで自立していたようだとS氏は言う。

「オムツは絶対に嫌だって、這ってでも便所まで行ってたそうだ。体調の落ち着いている時は一人で風呂にも入って、飯も介助なしで食ってたって聞いたよ……気丈な人だった。だから『そろそろ危ない』って話を聞いて見舞いに行った時は、もう見てらんなかった……」

すっかり痩せ細ったU婆さんは、S氏の顔をみるや「水飲ませろ」「浣腸をかけてくれ」と繰り返しせがんだ。

「その頃になると、飲み込みが上手くできなくなっていて、水飲ませるとむせ込んで大変だったらしいんだな、だから栄養とか水分なんかは全部点滴で補ってた。ただ本人としては、どうあれ自分の口から飲んだり食ったりしたかったんだろうね、あの人の性格なら尚更。浣腸浣腸って言ってたのも、たぶん死んだ後に下の世話をされたくなかったから出た言葉だと思う。そういう人だったんだよ」

S氏がお見舞いをした日の翌朝、U婆さんは息を引き取った。


「そんで、その日の晩、なんかこうザワザワして、なんの気なしに家のカーテン開けて外を見たんだ、そしたら、俺ん家の向かいにある自販機の前に人が立ってて」

見慣れた後姿、それは亡くなったはずのU婆さんに違いなかった。

「急いで嫁呼んでさ『おい！ ババア立ってる！』って指さしたんだけど、どうも見えないようで、ハア？ なんて言われてね。スマホで写真も撮ってみたんだが写らなかった」

見守るS氏の前で、やがてU婆さんは、自販機の方を向いたまま消えた。

「流石に外に出て声かける気にはなれなかったな、せめてこっち向いてくれてれば、手ぇ振るぐらいはしたと思うけど……ただき、ずっと水を飲みたかったんだから、死んだあとでやっと飲めるようになって、わざわざ自販機に飲み物買いに来たんだろうな。そんな風に思ったんだ」

S氏は、自販機に向かって手を合わせ、冥福を祈った。

「もう思い残すこともねぇだろし、これで成仏できるだろと」

しかし、次の晩も、また次の晩も、U婆さんは自販機の前に出た。

「通夜も葬式も終わって、火葬されて骨になっても、まだいるわけ、ババアの幽霊。自販機なんて他にもあるのに、なんでよりによってうちの前のやつなんだよ」

毎晩のように窓の外を眺め、首を捻っているS氏を、奥さんは気味悪がった。

小さな島のことである、下手に「幽霊が出る」などと誰かに話そうものなら、その噂は一瞬で全域に広がるだろう。それは立派な葬儀をあげたU家、ひいてはU婆さんを侮辱することにも繋がる。噂の出所はすぐに特定され、それがS氏だと知れれば信用問題だ。そのため誰にも相談できない。S氏は一人悩んだ。

「いやぁ、最初のうちは『そのうち出なくなるだろ』って思ってたんだけど、なかなか治まらないわけですよ。んで『なんか心残りでもあんのかな?』と――」

一つ、心当たりがあった。

「俺さ、ババアに二万ぐらい負けてたわけ、麻雀で。んでその負け分をね、ババアの病気のドサクサで踏み倒してたんだわ。だから、もしかするとそのせいで俺ん家の前に出てんじゃねえかって」

何度も見舞いに行き、葬儀の手伝いまでしたのだ、二万円程度、チャラになっただろうとS氏は思っていた。しかし、それ以外に思い当たらなかった。

「ええ、だから行きましたよ、二万円包んで、ババアの仏壇に供えてさ『踏み倒して悪かった』つって、拝んできた、これでもう今晩は出ねぇだろうなと」

しかし、出た。

「もう頭抱えたよね、誰に相談できるわけでもないし、これこのまま謂《いわ》れもなく祟られるんじゃないかとか、怖くなってきて」

すると、そんなS氏を冷ややかに見ていた彼の奥さんが「いや、Uさんは自販機に向かって立ってるんでしょ？　飲み物を買いたいんじゃないの？」と言った。

死の間際に水を欲していたU婆さんは、死してなおそれを求めるがため自販機の前に立っているのだろう、という推論は、当初からS氏も持っていた。

「だったら買えばいいじゃない？　俺は二万も仏壇に置いて来たんだからさ」

そう答えたS氏に、奥さんは更に言う。

「『万札は自販機に入らないよ』って、ああ、言われてみればそうだなと」

次の日、S氏は日が暮れる間際、自販機に五百円硬貨を投入した。

「商品ボタンを押さないでいると、金は自動的に排出されるんだけど、こういうのは真似事であっても気持ちが大事なのかなって」

島の自販機である、夜には誰も買いになど来ない、硬貨はそのまま放置した。

S氏はその晩、一度もカーテンを開けずに寝たそうだ。

翌朝確認してみると、自販機の取り出し口にはペットボトルの水が、釣銭口にはお釣り分の硬貨が入ったままの状態だった。

それ以降、U婆さんは姿を現していないという。

おじぎ

ベテラン看護師のAさんから伺った話。
彼女が以前勤めていた総合病院の中庭には、小さな社が建っていた。
歴史を遡《さかのぼ》ると、その病院が建つ前、その土地にはもともと池があった。
その池には、近隣に設けられていた遊郭の遊女が幾人も身投げしたという。
社は、その霊を慰めるために建立されたものだった。

Aさんによれば、その病院に勤める師長クラスの看護師たちは、中庭の前を通り過ぎる際に、必ず社に向かって深々と頭を下げてから通り過ぎていたそうだ。一般の看護師には何の申し送りも無かったため、不思議に思って訊ねてみたことがあったが、暗にははぐらかされたと語る。

もともと、その病院の敷地内には幽霊の目撃談などが多くあったらしいが、それと師長たちの「おじぎ」が、関連していたかどうかは不明である。

「でもさ、毎回必ずだったんだよ？　私、気になって観察してたんだから。示し合わせたみたいに各科の師長クラスの看護師ばかりがそうやってるの。いくら社が立っているからといって、毎回毎回あんなにしつこくおじぎするなんて、ちょっと異常だったよ」

しばらく前に建て替えられたものの、今も同じ土地に病院はある。

Aさんは既に退職してしまっているので、その習慣が今も続いているかどうかはわからないとのこと。

夕方に来る人

大学生Nちゃんが子供の頃の話。

「四歳とか五歳ぐらいの頃だと思います、保育所から帰って来て夕方に家にいると、うちに誰か来るんですよ。どんな人かはその日によってまちまちで、腰の曲がったお爺さんだったこともあれば、どこかの知らない子供のこともあれば、あとは着物を着た女の人なんかも来てました。よく覚えているのはこの三人ですけど、他にも色々来てたように思います」

当時、Nちゃんの両親は共働きで、どちらとも早くて夜七時頃の帰宅だった。

そのため、保育所には朝夕ともにお祖母《ばあ》ちゃんに送り迎えしてもらい、夕方はそのまま二人で過ごすことが多かった。

「ただ、私が『玄関の所に誰か来てるよ』って言っても、お祖母ちゃんは生返事なんですね、夕食の支度なんかで忙しかったんだろうけれど、全く相手にしてくれなくて」

後に聞いた話によれば、お祖母ちゃんは「両親が共働きで寂しいため、Nちゃんが気を引こうとして嘘をついている」と思っていたらしい。

「というのも、私にはハッキリその人たちが見えるんですけど、お祖母ちゃんには見えなかったようなんです……あと、休日で両親がいる時は、そんなこと言わなかったからと……」

確かに、寂しいは寂しかったそうだ。しかし、だからといって嘘をついていたわけではなく、事実として「誰かが来ていた」ため、それを報告していたにすぎず、両親がいる時は、単に誰も来なかっただけなのだとNちゃんは言う。

「私が覚えているのは保育所の年長組くらいからのことなんですけど、もっと前、三歳とかそのぐらいから『玄関に誰か来てる』って繰り返していたらしく、その頃に何度確認しても誰も居なかったという経験から、お祖母ちゃんはそういう理解に至ったってことで……」

「夕方に来る人たち」は、一言も喋らず無言のまま玄関前に立っていたという。

N家の庭には砂利が敷いてあり、誰かが来ればその砂利が鳴る。

その音を聞きつけて玄関を覗くと、ガラス戸の向こうには知らない人。

毎日、毎日。

「私は人見知りだったので、怖かったんだと思うんですよ。毎日同じ時間に知らない人が来て、用も無いのに黙って立ってるんですから……ただ、それを言葉として上手く表現できなくて、でもなんとかして欲しくて『誰か来てる』って、逐一報告してた気がします」

両親もお祖母ちゃんと同じ理解だったようで、帰って来るなりNちゃんを抱きしめて頭を撫でるなど、過剰に愛情表現をした。

ただ、彼女が「夕方に来る人」の話をすると、嘘をついてまで気を引こうという心根を心配してか「嘘はダメだよ」と優しく諭してくる。

「正直、フラストレーションは溜めてました。自分の言うことを信じて貰えないことと、嘘つき呼ばわりされること、あと夕方に来る人が嫌だって気持ち、そういうのが混じり合って、親に諭されるたび泣いてたんです」

小学校に入ってからは「夕方に来る人」があまり気にならなくなった。

彼らが最終的にどうなったのかは、覚えていないそうだ。

「まだ低学年の頃は時々見ていて『嫌だな』って思ったりしていたんですけれど、徐々にそれもどうでも良くなったというか。小学校で友達も増えて、そっちの方に気が逸れたというか、あまり気にしなくなっていった結果、いつの間にか見えなくなってて」

ただ、その後に一度だけ、怖い思いをしたと語る。

「高三の頃、部活も引退して家に早く帰るようになってたんですけど、もうお祖母ちゃんは亡くなってて、両親は変わらず共働きだったので、私一人だったんです。夕方五時過ぎに家のリビングで寝っころがってたら、じゃっじゃって、庭の砂利が鳴って」

誰だろう？　と思い、玄関の様子を見ると――。

「亡くなったお祖母ちゃんが立ってました。あの頃に訪ねて来た人みたいに、何をしてくるでもなく、ボーっと……自分のお祖母ちゃんなんですけど、亡くなってますからね……」

怖々と玄関のカーテンを閉め、両親の帰りを震えて待ったという。

「まだ来るんだ……というか、まだ見えるんだ私って、と……あれ以来、実家を出て大学に通い出してからも、夕方に自分の家に居たことないです、何かあっても嫌なんで」

腐ったやつら

Sさんが通っていた中学校は、一学年あたり五十人に満たない規模。

そんな小さな学校でも、陰湿なイジメがあったと語る。


Aちゃんは、もともと陽気な性格で、クラスのムードメーカーだった。

彼女が変わってしまったのは、中学に上がってからのこと。

他の小学校から合流してきた女子グループに目をつけられ、一挙手一投足をあげつらわれるうち、徐々に生来の明るさが影をひそめていった。


やがて、自分からは喋らない陰気な娘として認識されるようになったAちゃんは、クラスでの居場所を失っていく。イジメていたグループは、学年の中でも目立つ存在で、上級生や下級生までを巻き込んで、執拗にAちゃんの尊厳を踏みにじるような行為を繰り返した。彼女はそれでもなんとか状況を耐え忍び、登校を続けていたものの、中学三年のある日を境に、学校へ来なくなった。率先してイジメを行なっていた女子グループはもちろんのこと、クラスの担任や、Sさんを含めたクラスメイトたちは、そんな状況を黙殺し、まるで無かったことのようにして日々を過ごしたそうだ。

中学三年の二学期を全て欠席し、冬休みが明けても学校へ姿を見せなかったAちゃんだったが、何を思ったのか、卒業を一週間後に控えた三月上旬に、登校を再開した。必要な授業を全て終え、残すは卒業式の練習のみとなった時期である、彼女が高校への進学を断念したという話も聞こえてきていた。

こんなタイミングでなぜ？　彼女はもう登校しないだろうと決めつけていたクラスメイトたちは、不思議がるより、むしろ不気味がった。

彼女が三年の間に受けてきた仕打ちは、それをただ見逃して来た大多数の生徒にとっても、思い出したくない心の傷になっていたとSさんは語る。Aちゃんの存在は、生徒一人一人の良心の在り方や、勇気を試す踏み絵のようになっていた。状況に流されるがまま、己可愛さにそれを踏み続けてきたクラスメイトたちは、卒業の間際になってやっと、自分たちがもはや回復できない負い目を抱えていることを知った。学校へやってきたAちゃんの姿は、そんな彼らの自分勝手な自尊心をチクチクと刺激した。

卒業式の練習中も、Aちゃんは一人、誰とも話さずにいた。

校歌の斉唱、卒業証書の授与、卒業生代表の挨拶、リハーサルは淡々と進む。

しかしやがて、妙なことが起こった。

卒業の歌、という式のクライマックスへの導入部分、卒業生一人一人が、ある決まった文章を一言ずつ読み上げ、最後に「旅立ちます！」と声を合わせた後で、ピアノの伴奏が始まる、そんな一連の流れの最中。

Aちゃんが、自分のパートを何度も間違えるのだ。

彼女が任されていた言葉は、最後に皆で声を合わせる「旅立ちます！」の直前「未来へ」という言葉。Aちゃんはこれを「未来と」と、繰り返し間違えた。

担任の指摘が入り、イジメグループからもヤジが飛ぶ中、彼女は執拗に「未来と」と言い続け、最後には「未来とぅへ」というような発音をしてその場を乗り切った。

担任も、最初のうちはAちゃんに注意をしていたものの、強い指導はしなかった。

彼もまた、踏み絵を踏み続けてきた一人であり、Aちゃんに対しては複雑な感情を抱いていたのだろうとは、Sさんの弁。

そして、クラスメイトたちは、それが単なる間違いではなさそうだと気付いていた。なぜなら、Aちゃんをイジメていた女子グループの中心人物の名前が「未来」だったからだ。

Sさんも、何がしかの意図が含まれているのだろうと確信していた。それは、Aちゃんがリハーサル前に突然、何か良いことでも思いついたかのように笑顔になった瞬間を目撃していたから。そしてその後、何を言われても、小学生だった頃のような明るい表情を崩さなかったから。

卒業式の日、やはりAちゃんは「未来と」と言った。

春休み、Sさんのもとに訃報が届いた。
最初に届いたのは、Aちゃんが自殺したというもの。
次は「未来さん」が、急な脳炎を起こして亡くなったというもの。
どちらも近親者のみで葬儀を執り行い、弔問は辞謝するとのこと。

同級生たちから連絡があったのは、二人の訃報が届いてから間もなく。クラスの約半数が、カラオケボックスの大部屋に集まった。

Sさんが着いた時には、既に泣いている女の子もいたそうだ。

「次は私かも知れない」と言って、同級生に肩を抱かれながら嗚咽を漏らしていたのは、イジメグループの一人だった。

きっかけは、ある同級生が言った「ほんとにAは未来と旅立ったな」という一言。それが伝言ゲームのように伝わった結果、自らの行いに自覚的だった数名が取り乱し、皆に召集をかけたのだった。

Sさんは、自死を選んだAちゃんが、まだ日も浅いうちから悪霊の如く扱われているのが不憫でならず、何より自分たちがやってきたことを棚に上げて被害者面をしているイジメグループに怒りを覚えた。そしてそれを、言葉にして率直に伝えた。

すると、生徒会長を務めていた男子が「いや、そうじゃない、Aは悪くないんだ」と言い、今問題になっているのは「未来さん」の方だと語った。

以下、彼が述べたことの要点を箇条書きにする。

・「Aちゃん」は卒業式の日「未来と」と言っていた。
・結果「Aちゃんと未来さん」は、ほぼ時を同じく、連れ立つように亡くなった。
・Aちゃんが未来さんを連れて行ったのだとすれば、既にAちゃんの思いは達成された。
・しかし自分たちも、Aちゃんが「未来と」と言った後で「旅立ちます」と声を合わせてしまっている。
・つまり卒業生全員が「未来と旅立つ」と言ったことになる。
・今度は声を合わせた自分たちが「未来さん」に連れて行かれるのではないか？

どう考えても、飛躍しすぎに思える。

しかし、同級生を立て続けに亡くした当時、この解釈は彼らを震え上がらせた。

本当に「そういうこと」があるのならば、陰湿なイジメを主導してきた「未来さん」が、黙って成仏するはずがない、絶対に皆を道連れにするはずだ、と。

やがて誰かが、Aちゃんの墓参りをしようと提案した。

悪霊として自分たちを道連れにしようとしてくるかもしれない「未来さん」の抑止力

になるのは、同じ故人である「Aちゃん」だけだという理屈だった。

その後毎年、彼らはAちゃんの墓参りを続けている。

歳を取れば取るほど、ことの重大さが身に沁みるとSさんは言う。

ちなみに「未来さん」の墓参りはしたことがないとのこと。

理由は「祟られそうだから」だという。

Mさんの体験

Mさんという二十代の女性に伺った話。

彼女には中学の頃、Tちゃんという同級生がいた。

同じ部活に所属し、毎日の登下校も一緒、仲の良い友人同士だった。

「Tちゃんはちょっと変わった娘だったんです」

通学路の途中にある大きなクヌギの木を見上げ「誰かいる」と、じっと目を凝らしたり、夕闇迫る下校途中で「後ろから透明な女の人がついて来ている」と指さしてみたり。

「何か不思議なものが見えるけれど、自分は見えるだけで手出しはできないんだって」

Tちゃんは学校ではいたって普通で、いわゆる「不思議ちゃんタイプ」でもなかった。

彼女は、Mさんと一緒にいる時だけ、そういう話をした。

「私は、その影響をモロに受けちゃって……」

二人は当時、中学二年生、正に「お年頃」である。

Mさんは、Tちゃんが「何か」を見たというたび、その話に強く喰いついた。

普通の人には見えないモノが見えるというTちゃんを、単純にすごいと思っていた。

そんな付き合いを続けて行くうち、Mさん自身も、何かを感じ取るようになっていく。

「Tちゃんが『いる』っていう時に、寒気がしたり、臭いがしてきたり。その時々によって違うんですけれど、体が反応するようになってきたんです」

ある日の朝、いつもの通学路でTちゃんがMさんに言った。

——Mちゃんの首に、誰かの手が巻き付いている。

「それを聞いて、私本当に苦しくなっちゃって」

その日は、それからずっと息苦しいように感じ、授業にも身が入らなかった。

放課後は部活を休み、不安な思いで一晩をすごした。

「結局、次の日にTちゃんから『もう何も見えない』って言われるまで、ずっと喉の奥に異物があるような感じがしていて」

それ以降も、たびたび同じようなことが続き、その都度Mさんは部活を休んだり、学校を午前中で早退したりした。やがてクラス内で「Mがズル休みをしている」という話が持ち上がり、Mさんは同級生に疎まれはじめる。

「まぁ、今考えると仕方ないですよね。何か病気ってわけでもなく、単に『気分が悪い』っていうだけで帰っちゃうんですから」

今でこそ、そうは言うものの、当時の彼女にとって、それは深刻な状況だった。

学年が上がる頃には、Tちゃんの存在がなくとも、自分で「何か」を感じ、すくみ上がるというような状態にまでなっていたからだ。早退を重ねていることを理由に、学校と両親とで話し合いが持たれ、心療内科を受診するようになったのもこの頃。

「Tちゃんとはクラスも違っていたので、同じように仲良くしていましたけど、私に気を使ってか、その頃には不思議なことは言わなくなっていました。私が『何か見える?』って聞いても『大丈夫大丈夫』って、それだけで……」

そんな彼女の態度はMさんを深く傷つけた。

「相談できるのはTちゃんだけだったので、梯子《はしご》を外されたような心細さでした……他の同級生も先生も、うちの両親も、私が『何かを感じる』っていうことに対して、まともに向き合ってくれなかったから……病院の先生だけは話を聞いてくれましたけど、何となく『あぁ、仕事でやってるな』ってわかるんです……」

中学三年の夏休み明け、Mさんはとうとう学校へ行けなくなった。
「もう気力が続きませんでした。感覚はどんどん敏感になってきていて、見えこそしないものの、変な気配とか、何かの息使いとか、臭いとか、どこに居てもそういうことを意識するようになってしまって」

自宅から一歩も外に出ずに過ごす日々。
しかし、それすら安全ではなかったのか、ある変化が起こった。
「知らず知らずのうちに『クーンクーン』って、喉の奥を鳴らすのが癖になっていたんです。最初は自分でも気づかなかったんですが、親がそれを随分気にして」

Mさんの母親によると、彼女はクーンクーンと喉をならしながら、日がな一日家の中をグルグル歩き続けるという奇行を繰り返していたらしい。
「自分では覚えてないんですよね、後から言われて、そうだったかもしれないって思ったぐらいで……」

そんな中、過去に色々あって疎遠になっていたという彼女の叔母が、窮状を聞きつけて家にやってきた。

「叔母さんは『私も似たような経験がある』って、その時に助けてもらった人たちっていうのを紹介してくれたんです」

数日後、Mさん宅にやってきたのは「そういうことに詳しい」という男女の二人組。

「男の人は地元、女の人は関西の出身だっていってました。二人とも二十代ぐらいで」

女性の方は、Mさんを見るなり「ああ、頭に狐が乗ってるね」と言い、彼女の頭を撫で回した。何か、お寺や神社でするようなことをされるのだろうか？　漠然とそんなことを思っていると、彼らは何の用意もなく、手ぶらでラフな服装のまま、彼女の前に座った。

「ただ、普通は誰かの前に座る時って、二人横に並んで座りますよね？　でも、あの人たちは私を前にして、前後に座ったんです」

女性がMさんの前に正座をすると、男性はその女性の背後で胡坐《あぐら》をかいた。

同席したM家の面々も首を捻る中、叔母さんだけが頷いている。

やはり、何か特別な仕掛けがあるのだろうか？　身構えたMさんだったが、女性はそのまま世間話でもするような調子で、矢継ぎ早に何事か話しかけてきた。

「女の人が話しかけてきた瞬間に『アレ?』って思ったんです。私が私じゃないような、確かに受け答えはしているんですけど、私が喋っているんじゃないような、変な感覚でした」

実際に何を喋ったのか、よく覚えてはいないらしい、早口でペラペラと話しかけてくる彼女に合わせるように、Mさん自身も早口で返答していく。

「自覚は無かったんですが、あとから母に聞いたところ、ちょっと考えられないようなスピードで話していたそうです。相手の女性は関西の人だからわからなくもないけれど、私がその速さに遅れずに会話をしているのが信じられなかったと」

そうこうするうちに、ある特定の言葉が繰り返されるようになったそうだ。

「最初はちゃんとした会話だったのが、いつの間にか『暑い』と『遊びたい』だけを繰り返して言うようになったらしいんです、私」

その時点で、Mさんの記憶は完全に飛んでおり、自分が何をしていたのか、喋っていたものか黙っていたものか、全くわからないとのこと。

「全部は後から母に聞きました、とにかく『暑い』『遊びたい』を繰り返していて、何を聞かれてもそれしか言わなかったと」

――遊んできたらええ。

その一言だけ覚えているとMさんは言う。

「そう言われて、パッと気が付いたんです」

何故か、涙が流れていた。

目の前では、例の女性がヒラヒラと手を振っている。

――後は大丈夫、な？

話しかけられ、思わず「はい」と答える。

「それで、そのまま帰っちゃったんですよね」

何が何なのかわからなかったが、その日を境にMさんは喉を鳴らすことも、家の中をせわしなく歩き回ることもなくなった、もちろん妙な気配を感じることも。


後日、叔母を経由して、Mさんはあの二人からの言伝を受けた。

「無理して学校へは行かなくていいってことと、あと私は『そういうモノ』を寄せやすいから、しばらく――二十歳ぐらいまでは興味を持つことを止めるようにと……そして……」

――恐らくTちゃんから誘いが来るけれど近づかないように。

「実はですね、あの二人が帰って直ぐ、その日のうちに、Tちゃんからの手紙が、うちのポストに入っていたんです」

今まで不思議なものが見えると言っていたのは全部嘘で、本当は何も見えないこと、Mさんが信じてくれたから引くに引けなくなっていたこと、幽霊なんて本当はいないんだから怖がらなくても大丈夫だということ、そして、早く学校に戻ってきて欲しいということ。

消印のない手紙には、そんな内容が書き込まれていた。

「なんでわざわざ手紙？　って、それも不思議だったんですけれど、その手紙の文字が、ものすごく達筆だったんです。私が知っているTちゃんの字ではないんですね、大人が書いたみたいな……それもお爺ちゃんとか、大分年かさの人間が書くような字でした」

結局、Mさんはそれ以降中学校へは行かず、不登校のまま卒業した。

地元から離れた高校へ進学したこともあって、中学の頃の同級生たちとは、Tちゃんを含め今まで一度も会っていないという。

※

全くの余談なのだが、この話は前作の『怪談奇聞　祟リ食イ』に書くつもりで取材をしていたハズのものだった。しかし、何故かすっかり忘れてしまっており、その結果、本書に収録することとなった。今回、執筆にあたり改めてお話を聞かせて頂くべくMさんに連絡を取ると「前回も全く同じことを仰っていましたよ」と言われた。

不思議なことに、私にはその記憶が全くない。Mさんによれば、私にこの話をするのは今回を含め三度目のことらしい。一度目はおろか、二度目のこともすっぽり私の記憶から抜け落ちている。

私は前回もこの話を書いていたのだろうか？　そして、果たして今回、この話は本に載っているのだろうか？

そのように見える

Sさんの通っていた女子高には、色々な怪談話が伝わっていた。

特に、北校舎の踊り場にある大きな鏡に変なモノがいるという話が有名だった。

「卓球の素振りをしている」

「テニスラケットを振っている」

「フェンシングの練習をしている」

様々な語られ方をしていたが、Sさん自身は懐疑的であったそうだ。

「そんなね、卓球の素振りだのテニスだの、幽霊に何やらすのよって、思ってた」

しかしある日、彼女もそれを目撃してしまう。

「文化祭の準備で、夜遅く通りかかった時、見ちゃったの」

それは、まとまった黒い煙のようにも、影のようにも見えたが、とにかく人型をしており、しきりに動く右腕と、脱力したような左腕が印象的だったという。

「私には、ホウキとチリトリを持って掃除をしているように見えたな」

解釈は分かれるが、どれもその特徴的な動きを捉えているため、どうあれ皆同じものを見ていたのだろうと、Sさんは言う。

「だから、少なくともあの鏡の中に何かがいたのは、間違いないのかなって」

いわゆる怪異

「もともと、よく動物が車に轢かれて死んでいる道なんです」

「どんな動物?」

「タヌキとか、キツネ、イタチ、猫なんかもよく見かけますね」

「どうしてなんだろう?」

「直線なんですよ、道路が。だからついスピードを出しちゃって、避けられないんでしょうね。山と山の間にあるから、動物もよく通るだろうし」

「なるほどね」

「それで、その日も俺は走ってたんですよ、夜、十一時頃かな」

「車で?」

「もちろん車で」

「それで?」

「さっきも言った通り、動物の飛び出しがあるのは知ってたんで、ゆっくりめのスピードで走ってました、急ぐアレもなかったし」

「うん」

「そしたらですね、道路に大きな何かが横になってたんですよ」

「大きな何かって、どんな?」

「牛ぐらいの大きさのやつ、片側一車線をまるまる塞いでました」

「日本にそんな大きさの野生の動物っていないよね? 熊とか? イノシシ?」

「いや、何かはわかんなかったです。夜だし、車運転してたし、じっくり観察したわけでもないんで」

「そうなんだ、それで?」

「いや、ぶつかったら事故になるんで、対向車線に避けてやりすごしたんですが、たぶん後続の車がそのまま突っ込んだんですよ」

「え、その牛に?」

「牛か何かはわかんないですけど、すごい音がしたんで、バックミラーで確認したら、ちょうど反対向きになるまでぐるっと横に回転して、そのまま停まってました」

「結構な事故だね」

「俺もそう思ったんで、車を停めて、ミラーで様子を見てたんです」

「すぐ助けには行かなかったの？」

「いや、あの横たわってたのが何なのかわかんなかったんで、もし熊とかで生きてたりしたら大変ですし」

「ああそうか、それはそうだ」

「でもですね、後ろを確認する限り、その横になってたのがいないんです」

「やっぱり生きてたってこと？　車がぶつかったから避けたとか？　いくらなんでも跳ね飛ばしたりはできないよね、そのサイズだと」

「無理だと思います、だから俺も、生きものだったんだと思って」

「迂闊《うかつ》には動けないね、そうなると」

「はい、なんで、このまま警察に通報しようかなと思ってたら、更に後ろから来た車が停車して、運転手が車から降りて、事故車の人に声をかけ始めたんですよ」

「ああ、それは……」

「ね？　思いますよね、これ危ないぞって、近くに大きい動物がいるかもなんで」

「どうしたの？」

「車に乗ったままバックして、近くまで行って声かけました」

「危ないですよって？」

「そうです、近くに熊かなんかいるかも知れないんでと、その人それに突っ込んで事故ったんですよって」

「ほうほう、で？」

「俺の方をチラ見しながら、事故った車の人と話して、こっちに歩いて来たんですね」

「それでなんて？」

「いきなり『お前飲酒か？』って言われて」

「ん？　どういうこと？」

「事故った車の人、飲酒運転だったみたいなんですよ、それで俺も何か妙なこと言ってるって思われたみたいで、仲間だと思ったんでしょうね」

「あー、はいはいはいはい」

「いや違いますよって。ただ、さっきまで大きな動物が横たわってて、たぶん車がぶつかったせいでどこかに行ったんですけど、まだ近くに居るかもしれないからって」

「そしたら？」

「『いや、動物は死んでるけど、アレのこと？』って指さすんですよ」

「え？　いたの？」

「いえ、さっきの大きなやつじゃなくて、普通サイズのタヌキが潰れてて」

「降りて見たの？」

「嫌だったんですけど、あんまり言いすぎるとやっぱ飲酒だって思われそうで」

「そんで？」

「後から来た人が『これに化かされたんじゃないの？』と」

「死んだタヌキに？」

「はい、っていうのも『そんなに大きな動物にぶつかったんなら凹んでるハズだろ』って言うんで、見てみたら事故車のバンパーはなんともないんです」

「ああ、確かに、そんな事故起こすぐらいだもんね」

「それで、そのタヌキも、ちょうど事故車に巻き込まれたみたいに死んでて」

「あーなるほどねー」

「事故った運転手も『何かにタイヤ取られて、ビックリしてハンドル切ったらこうなった』と、やっぱ結構酔ってて、スンマセンスンマセンと謝りながら」

「結局どうなったの？」

「警察に通報して、事故った車の運転手は次の日に地元の新聞に載ってました」

「あー、なんだったんだろうね？」

「色々考えたんですけど、あのタヌキ、俺が避けた時点では生きてたんじゃないかなと、ただ多分、もっと前に車に轢かれるか何かで瀕死の状態で、その場を動けなかったから大きな動物に化けることで車を避けさせてたのでは？　みたいな」

「それ本気で言ってる？」

「いや、だって俺はそれを見てますからね、どうあれ自分が見たことを肯定するには、この理論が一番妥当なんです」

ただあった怪異

「盆正月とか葬式とか、あと上棟式の餅撒きとかにもいたな」

「その『ヒロさん』が？」

「うん、父方の親戚が集まる時には必ずいた、当時は何十人も親戚が集まって酒盛りしたりとかあったから、そういう場に出る」

「ああ、そこは決まってるんだ」

「そうそう、だから父方の血筋に関係のある人なんだろうなと」

「なるほど」

「それで、誰も話しかけたりはしないの。近寄って来ても見えないフリをして無視するのが作法っていうか、そういう風に教えられたから、俺も従ってた」

「話しかけると何かあるんですかね？」

「いや、どうなんだろうね。子供の頃からの話だから、俺も素直に『そうなんだ』って思ってたけれど、確かに、あれ話しかけてたらどうなったんだろう」

「何か悪いことがあるとか？」

「うーん、話しかけた人ってのを知らないからなぁ。親戚同士でも見える人と見えない人がいて、見えない人の方が多かったし」

「あ、そうなんですか？」

「うん、父方の親戚の中でも、見えるのは殆ど女の人。男で見えてたのは俺と本家の爺さんぐらいで、同世代の従兄弟とかは男も女も全員見えなかったようだね」

「どういう人なんですか？　見た目とか」

「それがさ、これ説明し難いんだけど……一定じゃないんだよね、顔とか背格好とか」

「んん？」

「ああ、えーとね、つまり全然別人なのね、見た目がその時によって違うんだよ」

「え？　じゃあ同一人物ではなかったと？」

「いや、見た目が違うだけで『ヒロさん』は『ヒロさん』なのよ。佇まいとか表情とかで『あ、ヒロさんだ』ってわかるの」

「直感的に？」

「うん、それで『今日いるよね？』って、見える人同士で確認し合って、無視する」

「はぁ、何なんですかね？　どういう経緯でそんなことになってたんですか？」

「それは俺も思ってて、中学生ぐらいの時かな、祖母さんに訊いたことがある」

「先祖代々のものとか？」

「それがね、わかんないんだって、何の由来もないの」

「は？」

「そもそも本家の爺さんが若い頃からのことで、先祖代々とかじゃ全然なくて」

「え？　じゃあ結構新しいのか」

「そうなのよ、本家の爺さんと、うちの祖母さんは年の離れた兄妹だったから、世代で言えば二世代前。今から計算しても百年前とか、そんなもん。そのぐらいからの話らしい」

「その、本家のお爺さんに何か心当たりとか、なかったんですかね？」

「全然ないんだって、いつの頃からかひょっこり現れて、気が付いたら親戚の集まりに混じってウロウロしてたと」

「じゃあ『ヒロさん』って名前は？」

「それも同じ、いつの間にかそういう風に呼んでたらしい。まぁ、うちの祖母さんには兄妹が何人もいたから、誰かがそう呼び始めたのかも知れないけど、どうして『ヒロさん』なのかはわからないって」

「すると『無視する』っていうのも、誰が決めたわけでもなく？」

「そうそう、一体だれが『無視する』っていうことを始めたのかわからないし、あるいは最初からそういうモンだったのかも知れんと、祖母さんが言ってた」

「普通は、妙な存在が近くに居る場合、お祓いするとか何とか聞きますけど……」

「俺もさ、今思えばそうだよねって思う。ただ、あの頃はその存在が当たり前だったし、周りの親戚連中で、見える人も見えない人も『ヒロさん』がその場に存在することに関しては暗に認めて受け入れてた気がする。排除の対象として認識されてなかった、というか」

「それはそれで不思議ですね……なんなんですかね？」

「さっぱりわからん。今ではすっかり疎遠になって、親戚が集まるなんてこと自体がなくなったし、まだ出るのか出ないのか、見えるのか見えないのかも含めて、謎だよ」

「ちなみに最後に見たのは？」

「うちの祖母さんの葬式の時だから、もう二十年くらい前になるね」

怪異かは不明

「もう十四年前になんだよな、最初に聞こえてから」

「それ以来ずっとなの？」

「ずっと。夜になると、早ければ二十時頃から聞こえてくる」

「最初の状況ってどんな？」

「新卒で赴任した町で暮らし始めてすぐだよ、当時もアパート暮らしだったんだけど、寝ようとすると太鼓叩いてる音が聞こえてきて」

「それは、実際に誰かが叩いていたわけではないんだよねえ？」

「だって夜中だもん、普通は遠慮するでしょ、苦情だって入るだろうし」

「確認はした？」

「した、俺も最初は迷惑も顧みず叩いている奴がいると思ってたから、近所迷惑だなと

思って。隣の人とか、近所のタバコ屋とかにも聞いたよ『この辺で夜中に太鼓叩いてい
る人いますか？』ってさ」

「それで？」

「いないよって。太鼓の音なんてお祭り以外では聞かないよと」

「でも、聞こえてたんでしょ？」

「俺にはね」

「どういう風に聞こえるの？」

「ちゃんと、どっかそう遠くないところで十人ぐらいかな、ある程度の人数で叩いてる
ように聞こえる、部屋の窓を開ければ方向もわかるし音もハッキリするんだ。頭の中で
鳴ってるとかじゃないんだよ」

「ちゃんと聞こえると？」

「そう、でもその音の出所はわからない」

「病気とかは？」

「そう思って病院も受診したよ、頭のＭＲＩも取ったし、なぜか二十四時間つけっぱな
しの心電図とかもとったよ」

「ははは、医者にはなんて言ったの？」

「何か頭のなかで動悸しているみたいな音がするって。さすがにさ、普通の病院で毎晩どこからともなく太鼓の音が聞こえてくるとは言えないでしょ」

「結果は？」

「何の異常もなし」

「さっき方向もわかるって言ってたけど、その辺は探ってみた？」

「もちろん、夜中に歩いて確認したけど、虹のたもとを探すみたいなもんだった」

「ああそうか、家にいる時だけじゃないのか」

「そう、どこに居ても聞こえてくる、引っ越し先でも、出張先でも、旅行の時でも」

「じゃあ、最初に住んだ土地とかとは多分関係ないね？」

「そう思う、あそこが始まりだったたってだけで」

「実家とか、先祖とかに原因はない？　祟られてますとか」

「ないない、聞いたこともない」

「家族なんかに同じような人はいない？」

「ないな、実家でも聞こえるけど、誰も反応しないもん」

「ぜんぜん手掛かりないね、因果が不明すぎる」

「そもそも俺がそんなだって思いもしなかったでしょ？」

「しないしない、結構長い付き合いだけど、そんな素振りなかったもんね」

「話しようがないんだよ、夜に太鼓の音が聞こえるって、それだけなんだから」

「ちょっと病院行ってくれれば？　って思われるよね」

「そっちの病院も行ったよ、体には異状ないって言われたから」

「ああそうなの？　なんて？」

「日常生活に支障はありますか？　って訊かれて、別にないですって言ったら、じゃあ様子見て下さいってよ、眠れないとかなら薬出しますけどって」

「支障はないんだ？」

「ないよ、夜も普通に寝れるし」

「イライラしたりとかは？」

「ないね、むしろ心が落ち着く、太鼓の音ってそういう効果あると思う」

「じゃあいいんじゃない？　困ってなければ」

「俺もそう思ってる、だから今まで黙ってたんだし」

「ん？　じゃあこのタイミングで話してくれたのは何か理由が？」

「お前が何かないかって言うからだよ、ああでも……」

「でもなに？」

「太鼓の音さ、徐々に大きくなってきている気がする」

「昔に比べてってこと？」

「そう」

「近づいてきている？」

「たぶん」

「……」

「さすがに至近距離まで近づかれたら、ダメかも知んない。でも解決しようもないし、その時はお薬貰ってくるよ、効かないと思うけど」

カカシワープ

三十代の男性Aさんから伺った話。


その日の夕方、彼はコンビニで酒を購入した。

「飲み屋で飲むのもつまんなくなって。俺は独り者だし、休みの日ぐらい好きなように酒飲みたいなと考えてね。人のいないところで贅沢にお月見でもしながら」

車に乗り込み、小高い山の頂上を目指す。

ドライブがてら何度も訪れた場所で、東屋があるのも確認していた。

「酒飲んだらそのまま車中泊して、次の日の朝に帰って来るつもりだった」

目的地に着いた時にはすでに日が暮れており、人気《ひとけ》のない山頂には虫の声が響くのみ。

Aさんは東屋の側に車を横付けし、供え付いていたテーブルに酒を並べた。

つまみは満天の星空のみ、一人で酒を飲み続け、眠くなったら車の中で寝るだけ。

「やってみて初めてわかったんだけど、ものすごい解放感だったよ。余計な金は掛からないし、気楽だし、こりゃいいやって」

最初に開けた缶ビールを飲み干すと、一気に気分が高揚した。

持参した酒を次々と空にし、酔っぱらい上機嫌で鼻歌を歌い出したところまでは覚えているという。

「そんでさ、気付いたら朝だったんだ、夜が明け始めてて」

腕時計で確認すると、時刻は既に四時を回っていた。

酒を飲み始めたのが前日の十八時半ごろ、鼻歌を始めたのが二十一時ごろだったはず。

――あれ？

周囲を見回して、驚いた。

「いやさ、俺、田んぼの真ん中にいたんだよ、突っ立ったまま」

様子から考えて、自分が今いるのは山の麓の田園地帯。

まさか山頂から歩いて下りてきたのだろうか？　そこまで酔っぱらった覚えは無いの

だが……ただ、現に、ちょっと考えられない状況に陥っている。

「動こうとしても動けなくてさ、両足が完全に泥に食い込んでて」

まるでカカシのように見知らぬ田んぼに刺さったまま、Aさんは必死に考えた。

どうにも不可解、感覚的にはついさっきまで頂上で機嫌よく酒を飲んでいたはずだった、それがなぜ、こんなことに……。

なんとか田んぼからはい出そうと悪戦苦闘していると「おい！」と叫び声が聞こえた。目を向けると、田んぼの持ち主らしき野良着を着た老夫婦が畦《あぜ》からAさんを見ている。

「いや、説明しようがないじゃない？　山の上で酒飲んでたら、いつの間にかこうなってたとしか言えないわけで……」

経緯はどうあれ、田んぼを荒らしていることに変わりはない。

大目玉を喰らうか、あるいは警察に通報されるか……。

しかしA氏は怒鳴られることも、警察に突き出されることもなかった。

「たまにあるんだって、そう言われて……」

老夫婦は、若かりし頃から、もう四、五人、Aさんと同じような格好で田んぼに刺さっている人間を助けているという。

前回は、もう十年以上前、ちょうど同じ時期に山頂付近でキャンプをしていた親子連れの子供だったそうだ。

「どういうことなんですかね？　って訊いたんだけど、二人にもわかんないんだって。ただ、前回の子供は『大きな人に投げられた』って、そんなことを言っていたらしい」

老夫婦は、泥だらけになったAさんの服を洗濯し、代わりの服まで貸してくれた。

「その上、軽トラで山頂まで送ってくれたんだ。車を上に停めたままだったから」

東屋には、昨晩Aさんが飲んでいた酒の空き缶がそのまま放置されていた。

今から数年前、何のいわくも由来もない、ありふれた小山でのできごと。

あの頃の音

Oさん夫妻は、東北地方の沿岸沿いに住んでいる。

息子と娘は実家を離れ、それぞれ家庭を持っており、既に自分たちの手を離れた。

二人ともまだ六十代だが、文字通り悠々自適な生活で老後を満喫中。

そんなOさん夫妻も、七年前の震災による津波では大きな被害を被った。

親戚、友人、知人、職場の同僚、多くの人を亡くしたと語る。

「一つの町で暮らし続けるってことは、その分だけ周囲の人間関係も濃くなる。俺らのように六十年以上同じ町で暮らした人間にとって、あの津波で失ったものは本当に大きかった」

暮らし慣れた故郷の町並みもなくなり、住んでいた家も半壊した。

今はリフォームした家での二人暮らしだが、どうしても津波の前と比べてしまう。

「亡くなった友人たちの存在はもちろんだけど、近所の食料品店とか、贔屓《ひいき》にしてた釣具屋、タバコ屋なんかは、みんな流された後に廃業してね。他の馴染みの店も違う場所に再建して、ご近所ではなくなったりもして……もし津波が無ければ、今よりもっと充実していただろうなとは、どうしても思ってしまうね」

ただ、まだ道半ばとはいえ、町が復興へ向けて進んでいることも実感しているそうだ。拡張された道路、集約された商業施設、大規模な工事が進む町を眺めると、その力強さに圧倒されると笑った。

「もうどうにもならないだろうなって、それぐらい酷い状態だったから。見た目だけでも、これだけ持ち直してきているってのは、やっぱりすごいよね」

そんな暮らしの中、こういうことがあったと話してくれた。

「うちの側には線路が通っているんだ。震災以降、列車が通ることは無いんだけれどね」

草だらけになってはいるものの、線路自体はまだ残っており、震災前の名残として、もはや懐かしい気分で眺めているとのこと。

「この辺は全部ＢＲＴ（バス高速運送システム）に切り替わっているから、多分、もう二度と線路が使われることは無いんだろう。列車が通っているうちは『うるせえな』なんて思ったこともあったけれど、無いなら無いで寂しいもんでね」

盆と正月に遊びに来るＯさん夫妻の幼い孫たちは、電車の通らない踏切を見て不思議そうにしているらしい。

ある日のこと。

夫妻がいつものように自宅で昼食を摂っていると、カンカンカンカン、と踏切が鳴った。その時点では、その「有り得ないこと」に全く気付かず、当たり前のようにやり過ごしたそうだ。すると続いてガタンゴトンと、列車が行き過ぎる音、最後には――

「プアーンと、警笛っていうの？　あの音がしてね。その時はじめて『あれ？』って思って、そしたら妻が泣きながら『聞こえた？』って言うからさ、ああ、やっぱり幻聴じゃなかったんだなと、なんでか俺も貰い泣きしちゃって」

鉄道に、特別な思い入れがあったわけではない。

あの日までは、煩《わずら》わしいとさえ思っていた日常的な音。

「なんて言うんだろうね、人や家や町並みだけではなくて、なんかもっと色んなことがあったよなって。多分当時も気付いてないし、今も思い出せないんだけれど、当たり前のように続いていた日常の中に、きっと沢山《たくさん》の何かがあったよなって、そんなことを思わされてね……」

何気ない、ありふれた日のできごとだったという。

祠の解体

数年前、U君の住む地区で、小さな祠の解体があった。

代々、近隣の人間が大事に祀ってきたものだが、由来はハッキリしないという。

「道路沿いに小ぢんまりと建っていたんだ、俺も昔から馴染みのある祠でね、子供の頃は自分のおやつを供えたりしていたな」

祠は、地区の人々の素朴な信仰を集めており、決して粗末に扱われはしなかった。

ただ、積年の風雨にやられ、外見はかなり痛んできていた。

たびたび補修を行って来たものの、もはやそれでは追いつかない。

「そろそろ、大規模な修繕をしようという話になって」

木製の祠を一旦解体し、痛んだ木材を全て交換、祀る場所も、近所の小高い場所へ移そうという案が出た。

「ホラ、結局今は年寄りが多いでしょ？　祠を管理するにしても、車通りの多い道路沿いでは危険だってことでね。どうせ解体して組み直すなら、ついでに危なくない場所へ移そうっていう、ほんと悪気なんて何もなかったんだよ」

日曜日、地区の住人が集まり、丁寧に半日がかりで祠は解体された。

「その日のうちに移築するのは無理そうだから、解体した木材とか、祠の中にあったご神体的な石とかね、それを地区会長さんが自宅で保管することになったのさ」


その日の夕方。

地区会長の息子に、電話がかかってきた。

——あとのことはよろしくたのむ。

声の主はそう言って通話を切り、以降、何度折り返しても電話に出ない。

「そんで日が暮れてから、その息子がうちに来てね『親父が変な電話よこしたきり行方不明になった』って言うんだよ」

つい昼過ぎまで、なんの憂いもなく元気な様子で祠の解体を指揮していた地区会長が、夜になっても家に帰って来ない、そのうえ何やら不穏な電話まで寄こしている。

慌てた息子がしばらく一人で周囲を探したらしいが、どこにもいない。一人では無理だと悟って、地区の人間に頭を下げて回り、父親の捜索を依頼しているとのこと。

「俺も探して歩いたけれど、まぁどこにも居なくて」

考えたくはないが、電話の内容が内容である、もしもに備えて警察に連絡をすべきなのではないか？　そんな声が上がり始めた午後九時過ぎ、会長が見つかったとの報告が入った。

「見つけた人は、最初から『自殺でもするつもりなんじゃないか』ってことで、死ねそうな場所を重点的に探していたみたいでね」

見つかったのは、住宅地からは大分離れた、地区の端にある切り立った岬の突端。

「場所が場所だからさ、一瞬、ダメだったかって思ったんだけど、生きてるってことで、ひとまずは良かったと話してたら、なんか様子がおかしいんだな」

発見者からは「早くみんなで来てくれ」との指示。

それを聞いた住人たちは岬へ急いだ。

「俺も一緒に行ったんだけど、途中で『救急車とかいいの?』って言ったら、報告受けたオッサンが『どうもそういうアレではないらしい』って、言葉を濁してさ」

命に別状は無さそうだが、なんとなく只事でもないようだ。

冷や冷やしながら向かった先、岬の突端で、会長はうずくまっていた。

「発見した人がさ、こうやって、会長の腰のベルトに手を突っ込んでて」

――おかしくなってる！　ちょっと手伝って！

そう叫んで、手招きをする。

近寄って状況を確認すると、うずくまっているように見えた会長は、岬から海に向かって綺麗に土下座の格好をしており、何やら意味不明な言葉を呟いていた。

「なんつってるのかはわかんなかった、口の中でモゴモゴ言ってるだけだったし」

発見者の弁では、なんとか立たせようと声をかけたり無理矢理持ち上げようとしていたが、まったくコミュニケーションが取れず、その上まるで地面に張り付いたようで動かすのも難しいとのこと。

「それで、急に海に飛び込んだりしないように、ベルトだけ掴んで待機してたみたい」

結局、土下座したままの会長を、五人がかりで無理矢理担ぎ上げ、地区の集会所まで運んで来た。しかしどうしよう、やっぱり救急車だろうか？　呆けたような表情で何事か呟き続ける会長を前に、集まった住人が話し合っていると、誰かが言った。

「『祠を解体したからじゃないのか？』って。まぁ確かに、俺も口には出さなかったけれど、なんとなくそうなんじゃないかなと、思ってはいたんだよな」

それならばと、解体した木材一式と、ご神体である石を会長宅から運び出し、もともと祠があった場所に置いてみた。

「まぁね、そういう簡単なもんじゃないよね」

結局、様子の変わらない会長は、息子の車で病院へと運ばれ、脳の検査などを受けるため入院することになった。

そしてそのまま家へ戻ることなく、一年も経たないうちに退院後に入所した高齢者施設で亡くなってしまう。誤嚥性の肺炎が悪化した結果だった。

「一応、最初の病名は認知症ってことだったらしいよ。そんな急に発症する認知症ってあるのかな？　って、皆で話したりしたけどさ。まだ七十手前で、昼まではまるっきり普通だったんだから」

その後、例の祠は元あった場所に再建された。

「酷く痛んでいた部分は修繕したけれどね、移築は取りやめになった」

会長の件と祠に、どんな関連があったのか、あるいはなかったのかは不明なままだが、一部始終を知っている人々にとってみれば「祠のせいにしておく」というのが一番座りの良い結論だった。

「あの場所に建っていたのにも、何か意味があるんだろうから、こっちの都合で勝手に動かしていいもんじゃなかったんだろうなって」

あまり良い形ではなかったものの、騒動を通して、なんらかの「力」を示したと目されるようになった祠は、以前よりも、更に丁寧に扱われるようになっていると、U君は言う。

命日ですから

二十代の男性、H君の体験。

「飲み会だったんすけど、酔っぱらった会社の先輩たちが帰してくれなくて。俺は酒飲めないんで、苦行でしかなかったっすね」

やっと解放されたのは日付をまたいで大分過ぎた頃、H君は自転車で通勤しているため、一人ペダルをこいで自宅アパートまで向かう。飲み会があった店は会社とは反対方向にあったので、アパートへ帰るには通いなれた通勤路ではなく、馴染みのない住宅地を横切ることになる。

「六キロぐらいの道のりだったんで、車通りも少ない時間帯だし、土地勘なくても俺の足なら一瞬で家まで着けるなって」

軽快に夜道をとばしていた彼の目に、薄ぼんやりとした光が見えてきたのは、途中のゆるい坂道を上り始めた時だった。

「コンビニって感じでもなかったし、住宅地でも時間が時間すからね、大体の家は消灯してて暗いんすよ。なんだろうなって」

近づくと、一階部分をガレージにしている戸建ての家だった。

そのガレージを照らす蛍光灯の明かりが、夜道に漏れていたのだ。

なんの気なしに横目で様子を伺いながら通り過ぎる。

車はなく、ガランとしたガレージ、しかしその奥には、人がぶら下がっていた。

「ええ？　って、それ見た瞬間から、もう体が震えちゃって」

慌てて自転車を降り、ガレージの入口に立つ。

小太りの男性で、年齢は五十代ぐらいだろうか。

だらりと弛緩した四肢、形容しがたい顔色、どう見ても死んでいた。

「もう何も考えられなかったすね、ただ、一人ではどうしようもないっすから、早くこの家の人を呼んで来ないとって、それだけ」

ガレージ横の階段を駆け上がり、何度もインターフォンを押す。

しかし、深夜のためか中々応答がない。

しびれを切らしたH君が「すみません！」と叫びながら玄関を強く叩き始めた時、やっとドアが開けられた。

キーチェーンをかけたまま、迷惑そうに顔を出したのは中年の女性。

言葉を待たず「下のガレージで男の人が首を吊ってます！」と告げたH君に対し、その女性は「命日ですから」と言う。その冷静な様子に驚きつつ、もう一度同じことを言ったが、やはり「命日ですから」と一言。呆気にとられているH君の前で、ドアは静かに閉められた。

「は？　って思いません？　そりゃ首吊って死んでるんだから命日ではあるんでしょうけど、それは今まさに起こっていることなんですよ？　俺がこんだけ慌てて伝えてるのに、それには一切触れないで『命日ですから』って、なんだよと」

その後、何度ドアを叩いても反応はなく、H君は止むなく警察へ通報することにした。

ただ、土地勘がないため、ここが何という地区なのかハッキリはわからない。

警察へ連絡する前に住所を割り出そうと、スマホで位置情報を出しながら、階段を降りてガレージの前へ進む。

「住所の他に、現場の状況とかも聞かれるんだろうなと思ったんで、嫌だったんすけど、もう一度死体を確認しとかなくちゃって」

煌々《こうこう》と光るガレージの前に立ち、その中に目を向けた。

しかし。

「無いんすよね、さっきの首吊り死体。俺がその場を離れたのは五分とか六分とかそんぐらいだったんで、誰かがどこかに隠すなんてことは考えられないし、ガレージの奥に通路なんかも無かったんで、どうあれ何かしようとすれば、気付いたと思うんすよ」

茫然と立ち尽くすH君の頭に、さっきの「命日ですから」という言葉が浮かぶ。

もしかするとアレは——。

わけがわからないままだが、死体が無い以上、もう関わるのは止めよう。

さっきとは別な寒気を感じ、急いで自転車にまたがって、震えながら自宅に帰った。

後日、その家の前を通ると、ガレージにはシャッターが下りており、既に空き家のようだったとH君は言う。

「命日だから夜中にガレージの電気点けておくんすか？　なんで死体は消えたんすか？　あの家のオバサンはなんであんなに冷静だったんすか？　やっぱりアレは、幽霊だったんすか？」

先輩の家

今から十数年前、Y君はせっかく合格した郵便局の職員を半年で辞めた。

「当時は人と関わるのが苦手でさ、郵便配達とか気楽そうでいいなと思っていたんだよ。でも保険だの何だののノルマがあってね、地元だったらまだ親戚とかコネも使えたんだろうけれど、赴任したのが縁もゆかりもない町だったから、こりゃ無理だって、もう即行で諦めたんよ」

実家に帰ってきたものの、折しも時代は就職氷河期、どこをあたっても仕事がない。

「ホラ、当時まだ郵便局は民営化前だったから、職員は公務員なわけだよ、普通は俺みたいに簡単に辞めないの。だからどこの会社へ面接受けに行っても『なんで辞めたの?』って言われてさ」

公務員としての立場を蹴ってしまった彼に対する風当たりは強かった。

「『何か問題起こしたんじゃないの？』とか勘ぐられたりね。そんでまぁ、正社員として採用してもらうのは諦めて、とりあえずバイトでもしようと」

見つかったのは隣町の外れにあるコンビニの深夜勤務。

原付バイクで三十分ほどの距離があり、条件が良いわけでもなかったが、そこしかなかった。

「まぁ、それでも助かったと思ったよ、ホントに仕事なかったから」

アルバイトを始めて数日後、店に見知った顔が来た。

「高校の時の先輩。面倒見の良い人で、昔からいろいろ世話になってたんだ。美容師の見習いとして近くの美容院で働いているって、あれは心強かったな」

実家から隣町まで通ってきていたY君と違い、先輩は家を借りているとのこと。

しかもアパートなどではなく、一軒家。

「親戚の人の持ち家だったみたい。ちょうど空き家になってたのを、格安で借りているんだと言ってた。それで、もし良かったら自由に使っていいって」

先輩は、Y君だけでなく、気に入った人間には同じように声をかけていたそうだ。

真新しい今風の一戸建ては、一種シェアハウスのような雰囲気があり、様々な人間が出入りしていた。

「それこそ美容院の先輩後輩とか、俺の知らない先輩の友達とか、酒飲みに来たり風呂だけ使ったり、夜になるとずいぶん賑やかだったよ」

Y君はバイトを終えると先輩の家で仮眠を取り、シャワーを浴びてから自宅に帰るというのが習慣になった。先輩は、Y君が家にやってくる頃に出勤していくため、午前中は彼が家を占有する形となる。

「色んな人が来る夜とは違って、昼間は静かで居心地が良かった。一応カンパとして月に数千円支払ってたけれど、それでも申し訳ないぐらい」

時々、昼間でも知らない人が家に来ることがあったが、軽く会釈をする程度の関係で、それぞれが自由にくつろいでいた。

「今考えると物騒だよね。ただ当時は若かったし、先輩の知り合いなら悪い人はいないだろうって、俺だけじゃなく皆が思ってたんじゃないかな」

コンビニの仕事も板について来た頃、Y君が仮眠を取っていると、いつの間にか女が一人、家の中に居ることがあった。

「同じ年ぐらいで可愛い娘だったけれど、こっちが会釈してもまるっきり無視でさ」

先輩の家を利用する人間は一階部分のみ、使用を許可されていた。二階の部屋は先輩のプライベートスペースなので、彼が留守の間は鍵が掛かっていて入れない。

「だけど、彼女は二階に上がって行くんだよね。だからもしかすると先輩と付き合ってる人かなんかで、鍵を持っているんだろうなと」

確かに、そうであれば彼女にとってY君など邪魔なだけだろう。

「俺もそう思ってた、無視されるのも仕方ないかなって」

最初のうちは気を使い、顔を合わせる度に会釈していたが、そのうちY君も彼女のことを無視するようになっていった。

「逆に仲良くなるのもマズイよなって気付いてね、先輩の家で、先輩の彼女と二人きりになってるわけだし、何かあったら大変だもの」

そんなこともありつつ、おおむね楽しい日々だったらしい。

不安定で先の見えない毎日でも、先輩の家を通して、これまで出会ったことのない様々な人と関わることができたため、決して孤独ではなかったと、Y君は振り返る。

「名前も知らないような人たちと一つの屋根を共有しているうちに、ちょっとずつ他人に慣れていけたってのがデカかった、人と関わるのも苦じゃないなって」

やがて、そんな日々にも終わりが来た。

「一年ちょっとして、ようやく正社員の仕事が見つかったんだ」

地元から大分離れた大きな街の会社で、条件も良い。

先輩にそのことを伝えると「頑張って来いよ」と、背中を押してくれた。


引っ越して以来、先輩とは徐々に疎遠になった。

「最初のうちはやりとりしてたけど、少しずつそれも減っていって、ある時を境にぱったり連絡が取れなくなったんだよね。俺も忙しかったし、新しい人間関係もできてたから、あまり気にも留めないでいたんだ、きっと元気でやってるだろうなって」

それからしばらくの間、Y君は実家にも帰らず仕事に打ち込んだ。

「二年ぐらい地元には帰らなかった、そしたら親から『そろそろ顔見せろ』って言われて、有給使って里帰りしたんだ、それで……」

久しぶりに挨拶をしようと先輩の家を訪ねた。

「庭先にごちゃごちゃあった荷物が無くなっててさ、空き家っぽく見えたから『アレ?』っと思って窓から中を覗いたら、なんだかスッキリ片付いてて……」

もしかして引っ越したのだろうか? 様子を伺っていると、あの「先輩の彼女」が家の中を歩いているのが見えた。

「そんで窓を叩いて呼んだんだよね、玄関には鍵が掛かってて入れなかったから……でも完全に無視されてさ、スーッと奥に行っちゃって、あの人も変わらないなあって」

それならそれで、と、先輩が勤めている美容院を訊ねた。

「でも先輩が居ないんだ。受付の人に聞いてみたら、先輩の先輩を呼んでくれて」

家に出入りしていた人で、見知った顔だった。

「そしたらさ『夕方になったら仕事が終わるから飯食いながら話そう』って言うんだよ」

不穏な空気を感じながら、夕方、待ち合わせたファミレスで話を聞いた。

「うん、先輩は亡くなってた。俺が地元を離れて半年ぐらいの頃に、二階の部屋で冷たくなっているのを発見されたみたい。結果的には自然死ってことで、自殺なんかではなかったようなんだけど……」

なぜか、枕もとに遺書のように置かれていたものがあった。

「でも自然死なら、遺書が置かれているなんて不自然でしょう？　自分がいつ死ぬかなんてわかるわけがないんだから……それで結局あの家も、先輩が亡くなってからは空き家になってるってことで……」

しかし、その日の昼間、Y君は「先輩の彼女」が家にいるのを目撃している。

「そう、そのことを話したら『そんなわけない』って、先輩の先輩が言うんだ。先輩が亡くなったことで、嫌な話だけど幽霊なんかの噂も立っちゃったとかでね、借り手なんか付かないだろうってさ……そもそも先輩に彼女なんていなかったし、自分もあの家にはよく行っていたけれど、そんな女は一度も見たことがないって……」

どういうことなのだろう？

「それでさ、その遺書らしきものっていうのが、手書きの般若心経だったらしく……遺書っていうよりも、何か理由があって普段から枕もとに置いて寝てたんじゃないかって、そんな話でね……」

するとつまり……

「わかんないよ？　わかんないけど、先輩の親戚っていう人が、どうしてあの家を空き家にしてたのか。ずいぶん新しい家だったからね……しかもそれを格安で先輩に貸してたわけでしょ？　考えてみるとまぁ、それもねぇ……先輩が俺らを気軽に家に上げてたのも、まるで一人では居たくなかったみたいにも思えてくるんだよね……枕もとに般若心経……空き家にいた女の人……全部『今になってみれば』の話なんだけどさ……」

青春の思い出が、一気に禍々《まがまが》しいものに変わったのを自覚したY君は、あれ以来「先輩の家」を訊ねておらず、例の女の人が何だったのかも、わからないままだという。

なきごえ

Ｙさんは三十代の女性だ。数年前パート先で知り合った人について話してくれた。

「Ｌさんっていう四十代の女の人。犬が大好きで、もうすごいの、犬グッズまみれだし、犬の話しかしないし」

仕事はそこそこできるものの、付き合い続けるには気力のいるタイプ。

自分がいかに犬好きで、そして犬にも好かれているのか、毎日それだけを喋る。

「まぁ私も、子供ができた時に、その話しかできないっていうか、子供のこと以外に話すことがないっていう経験があったから、似たようなものかなぁとか思ってたんだけど」

Ｌさんは独身で、両親と一緒に実家住まい。かなり裕福な家であるらしく、あまりにも過保護に育てられすぎたため婚期を逃したと語っていたそうだ。

「ピュアっていうか、世間知らずっていうか、まぁ典型的なお嬢様育ち、もっと言えば子供なんだよ。ただそれも四十過ぎたらいい加減キツいでしょ」

それだけに職場では浮いており、どうやらちょうど孤立していたところに、Yさんが入ってきた格好だったようだ。

「出会いが欲しくてパートはじめたっていう人と、生活のためにパートしている人たちとでは、どう考えたって折り合いがつくはずないじゃない？　そりゃ孤立もするよ」

Yさんも生活のために働き出した一人、できるならLさんとは距離をとりたかった。

「でもさ、こっちは仕事を教わる立場だし、変に気まずくなったりするのも嫌だから、ちゃんと大人な対応っていうか、それなりに付き合ってはいたんだ」

しかしある日、何気なく話した内容が元で、YさんとLさんは急接近してしまう。

「時々ね、職場で一緒にいると、Lさんから犬の鳴き声が聞こえてくるんだよ。スマホの着信音なんだろうなと思ってたんだけど……」

休憩時間中に聞こえてきたLさんのそれは、犬の鳴き声ではなかった。

「あれ？　と思って、Lさんに『着信音変えたんですか？』って訊いたの」

するとLさんは、着信音はもともとこの音だと言う。

「え？　でも犬の鳴き声してましたよね？　私てっきりスマホの着信音だと思ってたんですけど、と話したら『聞こえるの⁉』って、すごい喰いつきで」

Lさんは、自分はこれまで飼ってきた犬たちに愛されており、それ故に彼らは死んでしまってなお、自分の側から離れずに守ってくれているため、Yさんが聞いたのはその犬たちの鳴き声なのだと、嬉しそうに話した。

「いやいや、さすがに言葉もなかったよ」

ただ、Yさんは実際に犬の鳴き声を聞いている。

「そうなんだよね……そもそも自分からふった話だったからさ、困っちゃって……」

その日から、Lさんは明らかにYさんを意識し出した。

「ご飯食べに行こうよとか、誕生日いつなの？　とか、友達みたいに……」

連日にわたる、そんな積極的なアプローチから逃れられず、とうとうYさんはLさんの家に行くことになった。

「ちょっとだけお茶しようよって、それぐらいなら良いかなと思って返事したら、なぜかLさんの家でってことになっちゃったんだ」

訊ねたL家は、広い敷地と生垣に囲まれた豪邸だった。

「母屋と離れがあって、Lさんは離れに住んでるのね。離れって言っても、普通の一軒家でさ、ホントにお嬢様なんだなと」

これだけ広い家なのだから、犬好きの彼女のこと、多数の犬に囲まれて暮らしているのかと思いきや、そうではなかった。

「室内飼いをしてるので、世話が大変だから一匹ずつしか飼わないんだって。私てっきり犬屋敷みたいな感じなのかと想像してたから」

小綺麗なリビングに案内され、出された紅茶を飲みつつ、Lさんが喋るのを聞く。

適当に相槌をうちながら、部屋の中を眺めていると、ある一画に目が留まった。

「色々な柄のついた、円筒形で蓋のついた陶器の入れ物、それが立派な棚の上に何個も並んでるの」

Yさんの視線に気づいたのか、Lさんが立ち上がって棚に近づく。

――これ、骨壺なの。

そう言って、一つ一つを優しそうに撫でる。

これまで飼ってきた犬の、遺骨が入っているのだという。

ざっと数えても二十は下らない数の壺、Yさんは言葉を失った。

「犬ってさ、一度飼いはじめたら十年以上は生きるでしょ、普通は。多頭飼いはしないっていう人が、持ってていい骨の数じゃないんだよ」


唖然とするYさんに、Lさんは言う。

――この子たちが守ってくれてるの。


その後、Lさんが喋るに任せ、彼女が語る犬との思い出を右から左へ受け流し、やっとの思いでYさんは帰宅した。

「犬を飼うっていうよりも『消費してる』んだよね、あの人」

自分には子供がいないので、その代わりに「子犬」を飼うのだとLさんは言ったそうだ。

それが何を意味しているのか、Yさんはあえて聞かなかった。

「もし聞いたらさ、どうあれ、あの人の前でそれをジャッジしなきゃならないじゃない。そんな人と価値観の議論とかしたくないもん。もう関わりたくないって、それだけ」

Yさんにも聞こえたという、犬の鳴き声はなんだったのだろう?

「知らないよ。でも間違いなく『Lさんを守ってる』っていうんじゃなさそうね」

それから間もなく、Yさんはそのパートを辞めた。

別れの挨拶

築百数十年の古民家に住むG氏から伺った話。

彼の家には、音の鳴る古い柱時計があった。

「一時間おきに、その時刻の数だけ音が鳴るんだよ」

その音は広い家のどこに居ても聞こえるほど大きなもの。

しかし彼はそれを「うるさい」と思ったことは一度もなかったという。

「赤ん坊の頃から聞いていた音だからね、すっかり体に馴染んでたんだ」

時間を意識している時にはしっかりと聞こえ、意識していない場合には鳴っていることに気付かない、G家の生活にとって、それは在って当たり前の音だった。

ある晩のこと、G氏が眠っていると耳元で「さようなら」と声が聞こえた。
夢にしてはあまりにリアルなその声に飛び起き、周囲を見回す。
彼は一人暮らしであり、夜中に声をかけてくる者などいない。
一人娘は結婚し家を出ており、奥さんは数年前に亡くなっている。
不思議に思いながらトイレに立ち、用を足す。
すると寝室に戻って来る途中で、家が大きく揺れはじめた。
地震だった。
立ち竦《すく》むG氏の前で、例の柱時計が落下し、床にたたきつけられる。
揺れが収まった後で確認すると、時計は滅茶苦茶に壊れ、針の動きを止めていた。
「こんなに壊れるの？　ってぐらいに壊れてた、それで、ああコイツだったかと」
あえて修理には出さず、文字盤だけ残して処分した。

その文字盤は、今も奥さんの遺影の隣に飾られている。

光にあつまる

以前、ある漁船員の方から「幽霊みたいなのは光に集まる」という話を聞いた。
彼は、夜間の操業中に不思議な経験をすることが多いと言い、その理由を考えた結果「真っ暗な海上で船だけが光っているから」との考えに至ったそうだ
彼の言うことが事実なのかどうなのか、私には判断のしようがない。
ただ「そういう傾向もあるのかも知れない」と思った数話を以下に記す。

A君は昨年の夏、受験勉強の最中に、ふと炭酸飲料が飲みたくなった。
どうしても我慢できず。自宅から歩いて三分程の距離にある自動販売機に向かう。
部屋着のまま出てきたためか、夜風が涼しく体を通り過ぎるようで気分が良い。

畑と田んぼに囲まれた地区、カエルや虫の鳴き声は賑やかだが、街灯もろくに立っていない田舎道ゆえ、周囲は闇に包まれている。そんな中でポツンと光る自販機は、日中のそれとは違い、ずいぶんと場違いな雰囲気で、居心地悪そうに闇夜を照らしていた。

そう言えば以前、同じような時間帯に飲み物を買いに来た時は、大きな蛾がぺったりと貼りついており、あまりの気持ち悪さに購入を断念したのだった。

今夜はどうかそんなことがないようにと思いながら、様子を伺いつつ自販機に近づく。

幸いなことにカエルが数匹集っているだけで、嫌な虫などはいないようだ。

硬貨を入れてボタンを押し、取り出し口から飲み物を取り出そうと屈んだ時、頭の上で「タッ、タッ」と何かがぶつかるような音がした。

――うわ、蛾だ！

そう思い反射的に飛び退き、闇の中から自販機を振り返る。

丸くて尾ヒレがあり、ぼんやりとしたものが二つ、何度も自販機にぶつかっていた。

どう考えても蛾ではない、一般的に言うところの人魂のように見える。

しかし動きは光に群がる羽虫といった風情で、高度な意志は感じられない。

気持ち悪い形状ではないし、怖いかと言われればそうでもない。

自分一人でなければ、試しに捕まえてみようという気にもなりそうなもの。

ただ何故か、急に酷く肌寒い。

季節から考えれば明らかに異常なほどの寒さ、体が芯から冷えてきている。

――これは、危ないかも知れない。

異常な光景を目の当たりにしたせいか、あるいは急な寒さのためか、A君は本能的に危険を感じ、その場を離れた。取り出し口の中には、さっき自分が購入した飲料が入ったままだったが、諦めたという。

次の日、日が昇ってから例の自販機の取り出し口を確認したが、飲料は無かった。


長距離トラックの運転手をしているEさんは、夜間の光の下で不思議なものを見た。

ある日の深夜、眠気に勝てず仮眠を取ろうと、トラックを県道沿いのパーキングエリアに滑り込ませた。その場所は、広い駐車スペースと公衆トイレが整備されており、これまでも何度か利用したことがあった。

トラックを降り、同じように停まっている大型トラックを横目に、トイレに向かう。

用を足してトイレを出た瞬間――。

「ぎゃっぎゃっはははははは」

何が面白いのか嬉しそうに笑いながら、目の前を数人の子供たちが走り抜けた。

おかしいのは、彼らが全裸だったこと。

確かに、まだ寒い時期ではない、しかしこんな夜更けに全裸の子供？

まさか子供たちだけでこんな場所に来たわけではあるまい、そう思い駐車場を見回すが、自分が乗って来たのと同じようなトラックが数台停まっているだけで、ファミリーカーらしきものは一台も停まっていない。

にわかに不安に駆られ立ち止まり、子供たちを目で追う。

彼らは楽しそうにくるくると回りながら、オレンジ色の街灯の下ではしゃいでいる。

縦横無尽に行ったり来たり、一体何が楽しいのか、走り回る子供たち。

目の前の光景が信じられず、棒立ちのまま様子を伺うEさんだったが、ぽん、と膝のあたりを叩かれて我に返る。

見下ろすと、そこにはいつの間にか全裸の子供。

思わず身をよじり、弾けるように距離をとった。

「ぎゃっはっはっは」

子供はそんなEさんを捨て置くように、笑いながら駈け出す。

ここで眠るのは無理だ。

単に全裸の子供が駆けまわっているだけなのだが、状況を考えればただごとではない。

慌ててトラックに戻ると、すぐに駐車場から出た。

子供たちは街灯の下、なおも駆け回っていたという。


パチンコ店で駐車場の警備をしていた六十代の男性、Tさんの話。

彼が勤めていたのは郊外型の店舗で、田んぼや畑を埋め立てた上に建てられた。

周囲を見渡せば山と、数軒の民家、あとは田んぼ、畑。

駐車場は大きく、店舗をぐるりと囲むように数百台分の広さがあった。

店のオープン当初。新規開店ということで駐車場もかなり混み合い、交通誘導や車両の見回りも忙しかったが、二十二時を過ぎた頃に、やっと客が引けた。

一息ついていると、山に面した駐車場の奥から、長襦袢《ながじゅばん》のようなものを着た古めかしい雰囲気の女が静々とやってきて「この建物は何なのか?」と問うてきた。

Tさんは「ちょっと変わっているが近所の人だろうか?」と思い、クレーム処理の一環のつもりで「ここはパチンコ屋ですよ」などと、丁寧に説明した。

説明を聞いた女は「あぁ」と声を漏らし、今来た方向へ戻って行く。

しかし女は次の夜も、全く同じ格好、タイミングでやってくると同じことを問う。

不審者として店内に通報するかどうか微妙なラインだと判断し、もう少し様子を伺うべく「おたくさんどちらの人?」と訊き返すと、女は突然、何やら聞き取れない言葉らしきを喚《わめ》き、昨夜と同じように戻って行く。

その先には山しかなく、駐車場の街灯から向こうは完全な闇。

——あれは、人ではないかも知れない。

そんな直感を得たTさんは次の日、女の襲来に備えていたが、二度と現れることはなかったという。

水たまりの神様

Y君が子供の頃の話。

「俺んちの裏山って、むかし、水が湧いてるところがあってさ、よく遊んでたんだよ」

水が湧いているといっても、ほんのチョロチョロとしたもので、汲めるほどの水量でもなく、小さな水たまりを作る程度のものだった。

ただ、そんな小規模な水場でも、それを頼りにしている生物はおり、Y君はそこで小指の先ほどの蟹を発見したそうだ。

「サワガニ、ずいぶん小さいのはよく見かけた。きっと子ガニなんだろうから、もう少し大きい親ガニがいるだろうと探すんだけど出て来ない。水場には、ちょうど子供には持ち上げられないぐらいの石があって、きっとその下にいるんじゃないかと考えてたな。いつかその石をひっくり返したいって、そう思ってた」

自分だけの水場で子ガニと戯れるのは楽しかったとY君は言う。

ある日のこと、前日に降った大雨の影響か、湧水がいつもより多かった。

結果的に水たまりは、いつもより一回りほど大きくなっていた。

水の中を覗くと、一体どこから来たのか、小さな魚まで泳いでいる。

「それまで子ガニは見つけてたけど、魚なんて泳いでいることなかったから驚いたなぁ」

その場にしゃがみ込んで、じっと観察を続けていたY君は、やがて目を見張った。

いつかひっくり返そうと思っていたあの石の奥から、真っ白い蟹が姿を表したからだ。

「それも当時の俺の手の平ぐらいのサイズなんだ、予想よりかなり大きかったから、一瞬ビビったぐらい。しかもさ、白いだけじゃなくて、甲羅に金色の模様まで入っててさ」

どう考えても、普通の蟹ではなかった。

小学校三年生のY君ですら息をのむほど、それは美しく見えた。

「今言うなら神々しいって感じ、下手に触ったりできない雰囲気があった」

白い蟹は、ゆっくり近づいて来ると、Y君に向けて爪を振り上げた。

威嚇《いかく》している感じではない、これはむしろ——

「握手だよなって、これ、たぶん握手だぞと、ピンと来た」

上げられた爪に向かって、Y君が自分の小指をやさしく挟むようにすると、蟹は納得したようにそれを下した。

少しの間、Y君と見つめ合っていた白い蟹は、やがて出てきた時と同じように、ゆっくりゆっくり石の影に消えて行った。

気付けば、水たまりはいつの間にか普段の大きさに戻っており、さっきまで泳いでいた小さな魚たちも消えている。

「あれ、多分相当偉い蟹だなって、この水たまりの主的な、そういうものなんだろうと」


以降も、中学に上がるまでの間、たびたび水たまりで遊びはしたが、あれ以来、白い蟹は姿を表さなかったそうだ。

「俺は、あの水たまりの子ガニを殺したり、家に持って帰ったりしたことないんだよ。

どっちみち、ちょっと山に登ればすぐのところにあったし、他に誰が来るわけでもなかったからさ、水たまりは俺だけのものだっていう意識があって、わざわざ捕まえる必要性も感じなかったんだ。たぶんそれが良かったんじゃないかな、殺生しないで付き合ってたのを、あの蟹の神様みたいなのに認められたんだと思う。友好の握手っつうかね」

その後、裏山の湧水はいつしか枯れ、子ガニも居なくなった。

枯れてしばらくしてから、Y君は例の石をひっくり返してみたが、特に奥行きなどなく、あの白い蟹の棲み家になりそうなスペースは見当たらなかったという。

偶然タクシー

その日、Yさんは身内の不幸によるバタバタで、夜遅い時間にタクシーを拾うことになった。大きな通りに出て流しのタクシーを待っていると、遠くから屋根に明かりのついた車がやってくるのが見えた。

夜間であるため、運転手に自分のことがわかるよう大きく手を振る。するとタクシーはYさんの立っている場所から十メートルほど進んだ所で停車し、ゆっくりとバックしてきた。

後部座席のドアが開けられ、さっそく乗り込んで行き先を告げたYさんに、運転手は開口一番「ああ、昨日の人じゃなかった！　良かった！」とわけのわからないことを言う。

昨日の人？　良かった？

なんと返答するべきか、言葉に詰まっているYさんに対し、運転手は「いやあ、昨日ここで妙な女の人乗せちゃって」と言う。別に聞きたいわけではなかったのだが、運転手は勝手に話を続けた。

「昨日の今頃、今お客さんを乗せた付近で女の人が乗って来たんですよ。その人がねぇ、乗った瞬間に『ああ、良かった！　普通のタクシーだ！』って、変なこと言うモンで『何かあったんですか？』って訊いたら『ついさっき変な車を見たんです』って、こう言うわけ」

この運転手は何を喋りはじめているのだろう？　これはどう考えても怪談話になる流れ、こっちは喋れともなんとも言っていないのに、どういうつもりなのか？　身内を亡くしたばかりの彼女にとって、運転手の態度は不謹慎なものに感じられ、いささか気分を害した。

客が不機嫌そうな顔をしているにも関わらず、運転手は勢いに乗って喋りまくる。

「それでね『どんな車ですか？』って訊いたら、俺がそこを通りかかるちょっと前にね、真っ黒いバンが通ったって言うんですよ、そのバンの天井にね、こうタクシーについている行燈《あんどん》あるでしょ？　表示灯って名前なんだけど、その位置にね、光って尾を引く女の顔が乗ってたって、そう言うんです」

「それでそのお客さん、それをタクシーの行燈と勘違いしちゃって、目の前に来るまで一生懸命手を振ったって言うんだな、それでそのバンが目の前を通り過ぎた時に、それがタクシーじゃないって、しかも光る顔が乗ってるって、そう気付いたと、そんな話をされてねぇ」

「いやぁ、私そういう話全然ダメで、怖くなっちゃって、そんな妙な車とすれ違わなきゃいいなぁって、今日はそれだけ考えて運転してたもんでね、お客さんが昨日のあの女の人と同じ場所で手を振っているのを見た時は肝が冷えましたよ。乗せてしまったら、また妙な話されるんじゃないかって」

「それでちょっとね、追い越してから止まったでしょ？　十メートルぐらい、あれね、もし昨日の女の人だったら逃げようと思ったの。乗車拒否にあたるんでホントはだめなんだけど、一回停まっておけば、見間違いだと思ったって、言い逃れできるから、だから十メートル先に停まったの。怖い思いするよりもマシだろうと、そう思ってね、だから良かったですよ、昨日の女の人じゃなくて、違う人で、ホント良かった」

一気に捲《まく》し立てるように喋る運転手を、冷ややかに見つめながら、Yさんは考える。

昨日、この時間、黒いバン、あの位置。

その車に乗っていたのは、恐らく自分自身だ。

病院で亡くなった身内を、葬儀会社のバンで自宅まで運んだのだ。

高齢の喪主に代り、彼女はその車の助手席に乗ることになったのだ。

あの車に、光る女の顔？

車に乗っていたYさんには知る由もないが、確かに亡くなった身内は女性だった。

更に言うのなら、遺体を自宅まで運んだその黒いバンは、昔のような霊柩車然としたものではなく、単に黒いだけの車だ、普通、あの車に遺体が乗っているとは思うまい。

するとど、どういうことだろう？

死んだ身内が、人魂にでもなって車を追いかけてきたとでも言うのだろうか？

そもそも、そんな状況を目撃した女性が、その後、この運転手のタクシーに乗り、同じ運転手のタクシーに当事者でもある自分が、今乗っている。

これは確率的にどのぐらいのできごとなのだろう？　よくわからない話ではあるが、このお喋りな運転手も含め、なんらかの必然を感じさせる偶然だとも思う。かと言って、何をどうすれば……。

考えているうちに、タクシーは目的の場所に着いた。

料金を支払い、その車を降りる間際――

「私、その黒いバンに乗ってたんです、あの車、霊柩車ですよ」とYさんは言った。

運転手は悲鳴を上げ、すぐに走り去ったという。

面倒な話を吹き込まれたことに対する、腹いせのつもりだったそうだ。

雪の日

しんしんと雪が降っていた日のこと。

降雪の影響で電車の運行が遅延し、T君はいつもより遅い時間に地元駅に帰ってきた。

ホームの雪で転ばないよう、足元に気を付けながら歩いていると、ぐうと腹が鳴った。

いつもなら今頃は自宅で夕食を摂っている時間だ、と言っても一人暮らしなので近所のスーパーで買った総菜が殆どだが、しかし腹が減った。

ふと、ホーム内にある立ち食い蕎麦屋が目に入った。

外気温が低いせいか、店の中からもうもうと湯気が立ち上っている。

朝や昼ならまだしも、夕飯として立ち蕎麦はどうだろう？　思いつつも、空腹のせいかフラフラと店先に寄せられ、月見蕎麦を注文した。

見れば、カウンターの端に置かれた小さな鍋の中で、カップの日本酒が温められている。思わず「もらうよ」と手を出し、硬貨を置く。

間もなく蕎麦が来るだろう、こうして人気《ひとけ》のないホームで雪を眺めながら一杯というのも中々味わい深いものだ。カップ酒を口に運びながら舞い散る雪に目を奪われていると、カウンターにどんぶりが置かれた。

さすがに立ち食い蕎麦屋、早い早いと感心して手を出すが、店のおばちゃんは「ああ違う、それは先のお客さんのね」と言う。

確かにT君が頼んだのは月見蕎麦であり、今しがた置かれたのは天ぷら蕎麦。

「ああ失礼！」と辺りを見回すが、しかしその「先の客」とやらが見えない。トイレにでも駆け込んだのだろうか、少なくともT君がやってきてからは、他に客はいないようだったが。

間もなく月見蕎麦もやってきた、それをすすっている間も、天ぷら蕎麦は誰にも手を付けられず、隣で寒風に晒されている。注文だけして帰ったでもあるまい。

T君は不審に思いながらも自分の蕎麦を平らげ、残った汁をつまみにカップ酒の続きを楽しみ始めた。

すると、急に店内から「ああ！」という声。

ビクッとして様子を伺うと、蕎麦屋のおばちゃんがカレンダーの前で「しまった」という顔つきをしている。なんだろうと見つめるT君に、彼女は横を向いたまま「それ、よかったらどうぞ」と、すっかり伸びてしまったであろう天ぷら蕎麦を指さす。

すると、この天ぷら蕎麦を注文した客はもう来ないということだろうか？

もちろん食えないではなかったが、他人に供された蕎麦、しかもとっくに伸びてしまっているようなそれを勧められても気が引ける。

「いえ、大丈夫です」と遠慮したT君、その声が聞こえなかったのか、おばちゃんは後ろを向き、店の中で一日の後片づけをはじめた。

時間も時間だ、間もなく閉店なのだろう、では自分もそろそろ。

カップ酒を飲み干し、足元に置いたカバンを取ろうと視線を移した時——

線路から蕎麦屋まで、一直線に延びる足跡に気付いた。

雪のため、殆ど人が居ない駅。

それ故に、その足跡だけが異様に目立っている。

それは、まるで線路から直接店先までやってきたかのような一方通行。

右にも左にも、まして後ろにも、移動したような形跡はない。

自分の隣を見やったT君の目には、その足跡の主は見えない。さっきから、蕎麦屋のおばちゃんは背を向けたまま一度もこちらを向かない。

「ごちそうさま」そう言って、立ち去るT君。

おばちゃんは後ろを向いたまま、返事もしなかった。

叫び

二十代の女性、Ｙさんから伺った話。

彼女には数年前まで、結婚を考えるほどの男性がいた。

「私も彼も実家住まいでしたから、早い段階でお互いの両親への挨拶は済んでいたんです。なので、彼が私の家でご飯を食べたり、私が彼の家に泊まったりなんてことは普通でした」

関係は順調に進んでおり、状況が整えば入籍を、という段階。

ただそれでも、気になることがないでもなかった。

「彼のお母さん、普段は穏やかで、すごく素敵な人なんですけど……」

何の前触れもなく突然、大声を出すことがあった。

「例えば、夕食を食べた後で洗い物なんかをしている時に、誰もいない廊下の方を見ながら『来た！　来た！　来てる！』って叫ぶんですね、何かに怯えるみたいに」

彼女や彼氏の住んでいる町は、東日本大震災における津波で大きな被害を被っており、恐らくはその影響で、精神的に不安定になったのではないか、と彼氏の家族は医者から説明されていたそうだ。

「私も彼から話は聞いていたので、最初こそ驚きましたけど、問題なく受け入れられるなと思っていました。毎日毎日叫んでいるわけでもなかったですし、週に一回か二回そんなことがあるだけでしたから」

彼の母親は叫び声をあげた後、五分もすれば正気に戻った。

ただ、自分が叫んでいたことを覚えていないようで、毎回「あれ？　またやっちゃった？」という感じで、苦笑いしていたという。

「それである時『お母さん、震災で大変なことがあったの？』って彼に聞いたんです」

すると彼氏は「いや、うちは家族も親戚も全員無事だったし、家を流されたりもしていないから、特に大変ということは無かったな」と言う。大切な友人を亡くしたり、職場の同僚を失ったり、そんなこともなかったそうだ。

「ん？　じゃあ、お母さんはどうして不安定になったのかな？　と」

Yさんの疑問に、彼氏は医者から聞いた説明として、以下のようなことを語った。

目撃した津波の様子や、故郷が壊滅してしまったという現実に対して、精神的にうまく対処できなかったらしい。それをストレスとしてため込み続けたことで「叫ぶ」という症状が出てきたようだ。ただ、潜在的なストレスは症状として表面化することで、徐々に解消されていくこともあるそうだから、しばらくは様子を見る。

「ああ、なるほどねと思いました。じゃあそのうち叫ぶこともなくなるんだろうなと」

しかし、その「症状」は、悪化の一途をたどった。

なんだかんだで結婚に踏み切れないまま、一年が経った頃。

「もう殆ど毎日のように叫んでいるんです。それで私も『あ、これちょっと違うんじゃないかな……』って思うことがあって……」

彼の母親が叫び出すと同時に、Yさんも何かを感じるようになったのだそうだ。

怯えるその視線の先に「何か」がいる、そんな拭い難い感覚。

「彼のお母さん、明らかに何かに怯えているんですね。『来た！　来た！』と言っていたのが、そのうち『来るな！』になって……背中をさするため近寄ると跳ねのけようとするんです。一点だけを見つめて、『何か』から身を守ろうとするみたいに逃げて……」

もはや、以前のように苦笑いで済まされる状況ではなくなっていた。

母親は衰弱のためか横になっていることが増え、その症状に付き合ってきた彼氏の家族にも、疲労が色濃く見えた。

「ここまで来たら入院して治療するなりしなきゃって、彼にもそう勧めたんですが、『いいよ、もういいよ』って」

その時点で、母親だけではなく、彼氏を含めた家族全員が、普通ではなくなっていたとYさんは言う。

「彼も、そのお父さんも、何を言っても無気力な感じで……ちょっと付き合いきれないなと」

Yさんが別れ話をした時も、彼氏はぐったりした様子で「わかった」と言っただけ。

親しかった人たちを見捨てるようで心苦しかったが、Yさんにはそこまでが限界だった。

「それで、別れが決まってから、彼の家に荷物を取りに行ったんです。泊まった時に使う道具なんかを置いていたので……」

もう二度と足を踏み入れることはないんだな、そう思いながら彼氏宅の玄関を開けると、そこは自分が知っている「彼氏の家」ではなくなっていた。

「いえ、散らかってるとか、壊れているとかじゃなくて、何かこう雰囲気が違っていたんですね。昼間だっていうのに夕方みたいに薄暗くって、空気が澱《よど》んでいて……」

彼の両親と顔を合わせるのも気まずい。急ぎ足で彼氏の部屋に向かい、自分の荷物を持って帰ろう。階段を駆け上がり、彼氏の部屋のドアを開けた。

「彼はベッドで横になっていたんですけど、その上に、何か乗っていたんです」

もやもやとした、不定形の黒い雲のようなものが、眠る彼氏に覆いかぶさっている。

——ああ、これだ。

直感したYさんは、眠る彼氏に声もかけず、そそくさと自分の荷物を持って家を出た。

「多分、津波とか関係なくて、もっと別の原因があるんだろうと思って……きっと病院じゃ治せないような、そんなものが……」

あの黒いもやが何だったのか、Ｙさんはわからないと言う。

「ただ、もう『他所《よそ》の人間』として行ったからこそ、私にあんなものが見えたんじゃないかなって……もしも、あの家の人間として暮らして行くことになっていたら、きっと気付かなかったんじゃないかなって、そんなことを思っています」

※

私の前著に「祟り喰い」という話がある。強烈に祟るという家にまつわる話なのだが、前回の締め切りまでにその家の場所を特定することができず、止む無く「その取材の過程」を書いた。

しかしその後、別なルートから情報を得た私はその〈強烈に祟る家〉の位置を、恐らくほぼ特定した。

まだ「その家が本当にそうなのか」確認はできていないのだが、まず間違いないのではないかと考えている。そして、もしそれが確かであれば「Ｙさんの元彼の家」は、その〈強烈に祟る家〉のすぐ側にある。

更に付け加えると〈強烈に祟る家〉と「Yさんの元彼の家」の間には駐車場があるのだが、それを造成するために地面を掘った際、古い時代の人骨がごろごろ出てきたとの話も聞いた。

そしてどうやら「元彼のお母さん」が叫び出すようになったのは、その駐車場の造成工事の時期と重なるようだ、ということも追記しておきたい。

それぞれの因果関係は不明であるし、無理に因果を結ぶ必要もないとは思う。

祟りも、黒いもやも、人骨も、それは単なる情報のパーツに過ぎない。

今回は、それを提示するにとどめたい。

正直、この話はこれ以上追いかけたくないという気持ちがある。

なぜなら、Yさんと出会ったのは全くの偶然だったからだ。

知人を通してたまたま食事の席を共にしたところ、今回の話を伺うこととなった。

「Yさんの元彼の家」をグーグルマップで確認した際、その〈強烈に祟る家〉が一緒に表示された時は、興奮を覚えるより先に背筋が凍った。

追いかけているつもりが、いつの間にか追いかけられているのではないか？

考えなくていいことを、つい考えてしまう。
結ばなくていい因果を、結ぼうとしてしまう。
これは、どうもそういう話だ。

啜り泣き

M君は十代の頃、相次いで兄弟を亡くしている。

兄は中学生の頃に病気が原因で亡くなり、弟は高校の頃に不慮の事故で亡くなった。

弟の葬儀の晩、M君は唐突に父親から「この家は代々祟られている」と教えられた。

はて、祟られている？　この人は何を言っているのだろう？

もしかすると父は、息子の死に動揺するあまり、どこかおかしくなったのでは？

そんなことを考えつつ、どうリアクションを取ったものか思案していると、父親は仏間に並ぶ遺影を指さしながら「みんな若いだろう」と言った。

確かに、そこに大人の顔をしたものは少なく、何代前のものなのか、軍服を着た写真や、着物姿のものまであるが、殆どが歳若くして亡くなったと思われる、あどけない顔ばかり。

その中に、父親の弟や妹たちが含まれていることは、ずいぶん前に聞いていた。中学生で亡くなった兄の写真もある、弟のものはその横に並ぶだろう。

父親の話によれば、M家は遠い昔、罪深いことに多くの人間を殺してしまっており、その時に殺された人々の怨念が、今に至るまで祟り続けているという。

それ故に、M家に生まれた子供は殆どが若くして亡くなる。どれだけ兄弟が居ても、その中で子孫を残せるのはたった一人。父親の兄妹は四人いたが二十歳を超えられたのは父親だけ、祖父に至っては八人いた兄弟のうち七人が若くして死に、祖父だけが残った。

言われてみれば、こんなに遺影の多い家もそうないだろう、代々のものとはいえ、十以上並んでいる、死んだ人の顔。

しかしいくらなんでも祟りとは。この平成の世に、怨念が人を殺すなどと、そんなことを言われても全く実感が湧かない。何よりも、弟が死んで間もないうちから、こんな子供だましのような話をするのはどうなのか？　怒りを込めてそう伝えると、父親は「そうだな」とうなだれ、自室へこもった。

その晩、M君は夢を見た。

真っ白い服を着た若い女が、まるでオペラでも歌うように腰を振りながら笑い続ける夢だった。うなされ、まだ日も昇らないうちに飛び起きると、耳の奥にはまだ夢の笑い声が残っていた。きっと父親に妙な話を吹き込まれたせいだ。まんじりともせず布団の中で朝を待ち、起きてきた父親に八つ当たりしようと近づいたところ「女の夢だろう?」と一言。

父親も、最後の兄妹が亡くなった後から、全く同じ夢を見始めたらしい。

結婚をし、子供を授かるまでの間、女は断続的に夢に現れ、狂ったように笑った。

代々受け継がれる夢、笑う女、祖父も見ていたようだと、父親は言った。

昨夜、突然妙な話をしたのはこのせいか、M君は一気に背筋が凍った。

思い出すだけで震えがくる、あの笑い声。

——もしかすると、亡くなった弟や兄も、同じ夢を見ていたのではないか?

ふと思いつき父親に問うと「よく夜泣きをしていただろう」と、呟いた。

ああ、そう言えば、最初に亡くなった兄は小さい頃に夜泣きが酷く、中学にあがるまで、両親と同じ部屋で眠っていた。そして先日亡くなった弟が、心の調子を崩して頻繁に過呼吸を起こすようになったのは、兄が亡くなった後からだった。

少なくとも、若くして兄弟が亡くなるということと、笑う女の夢に関しては自分も経験した現実だ。それを祟りと呼ぶのなら、祟りとはそういうものなのだと思うしかない。

どうやら、父親の言うことは嘘ではないようだ。

その後も、M君は女の夢を見続けた。毎晩のように、ではなく、忘れた頃に不意をついて現れるので、夢のたびに飛び起きた。

父親は、ことあるごとに「子供は最低でも三人は作れ、そうでないと家が途絶える」と言った、それは、父親が祖父から伝えられた家訓でもあるという。自分の息子たちの死を最初から織り込み済みだったと言わんばかりの物言いにM君は反発を覚えたが、祟られるというのはこういう状態をいうのかと納得もした。

彼が大学を卒業して間もなく、その父親も亡くなった。

兄弟たちに比べれば長生きでも、世間的には随分早い死だった。


「っつう話です、どうでした?」

待ち合わせた喫茶店、そう言ってM氏はコーヒーをすする。

四十代になった彼は、でっぷりとした腹をさすりさすり、話を聞かせてくれた。

父親の死から十年ほどで母親も亡くなり、今は天涯孤独の身だという。

「母方の実家とは色々モメていたようで、最初から絶縁状態だったしね。父方は、そういうわけで親戚なんて元々いないんで」

彼は、大卒後、体の弱かった母親の介護をしながら、半ニートのような生活を送ってきた。

母親の死後は生活に困窮し、生まれ育った土地家屋を売り払って故郷を離れ、今は某都市でアパート住まいをしている。

「生まれた時代が悪かったよなぁ、大学出ても就職できなかったし、まぁ親父が死んで、しばらくは遺産で食いつないできたけれど、金なんてあっという間に無くなるから」

現在も定職は持たず、アルバイトで食いつないでいる状態らしい。

それはそれで、先さえ見なければ気楽でいいとのこと。

「仕方ないって諦めてるよ、難しい時期に生まれちゃったんだし」

アニメが好きらしく、声優のイベントなどにも顔を出すため、アクセスの良い都会の生活は自分に合っていると満足げに語る。

「似たような境遇の人間は結構いるからさ、趣味があれば仲間もできて、田舎で暮らしていた頃を考えれば大分救われたねぇ。あ、『似たような』って言っても祟られているって意味ではないよ、ふふふ」

どうなのだろう、今でも夢は見るのだろうか？

「ああ、見るんだけどさ、最近はちょっと変わってきてるんだ」

聞けば、あれだけ大笑いしていた「女」が、今では泣いているという。

それはそれで怖いですね、と返した私に、M氏は言う。

「いやぁ、あれさ、もうなんか可哀相なんだよ」

可哀相？　どういう意味だろう？

「祟っていたわけでしょう？　それで長い間、うちの一族を祟り殺して来たんだよね、あの娘はさ」

あの娘？

「だから笑ってた女の子だよ、もう俺より年下だもん明らかに」

夢を見はじめて二十数年、彼も既に中年なのだ、親心もつくといったところか。

しかし、まだ夢を見続けているということは、祟りも継続しているということだろう。

「いやだからさ、どう祟るの？　って話、俺は結婚もしていなければ子供もいないもの」

「ああ、そうか……そうですね」

「うん、だってさ、なんだかんだで一族を根絶やしにはしなかったわけでしょう？　親父の話だと、これまでも兄弟のうちで一人は生き残って子孫を繋いできたわけでね。つまりそうやって家の当主が代々悲しむ姿こそを、あの娘は望んでいたわけで」

「確かに、確かに……」

「そうなると、俺はその期待を裏切ったってことになるんだろうなと。この通りだしね」

「あの、付き合っている女性とかは……」

「あっはっは、いるわけない。昔は結構シリアスに悩んだりもしたんだよ、もしそういう女の人が現れた場合、なんて説明したらいいんだろうとかね、でも杞憂だったな、取らぬタヌキのなんとやらで、はっはっは」

「では、今はその、夢を見ても怖くはないと？」

「怖いっていうか、可哀相になる。ずっとすすり泣いてるんだもの、昔はあんなに腹抱えて笑ってたのにね、俺は俺で、祟りの娘に泣かれるってどうなんだって思うし」

「あの、この話って、本当なんですよね？」

思わず言ってしまったが、本心でもあった。

するとM氏はスマホを取り出し「これ」と、こちらに画面を向けた。

遺影、遺影、遺影、遺影、遺影。

M氏の指が滑るたび、次々に現れてくる十数枚の白黒写真。

「家を売る時に、遺影も一緒に処分したんだけど、その一枚一枚をデジタル化したんだ。結果的にこうやって持ち歩いているわけだし、仏間に飾っておくよりも供養になるかなって」

確かに、それはそうかも知れない……。

「物じゃないよね、思いだよね、俺が言うのもなんだけどさ」

実際に祟られている人が言うと、重みがある。

「もうさ、失うものなんて何もないんだよね、財産もないし、家族もいないし、俺一人だけがこうやってその日暮らしみたいにして生きてるだけでね。あ、ちょっとごめん」

そう言って、シャツの裾をまくると、M氏は何やらスティック状のものを下腹部に押し当てた。糖尿病を患っており、日に何度かインシュリンを打っているのだそうだ。

「健康でもないしさぁ、祟りがいのない人間だよ……そりゃあ泣くよねぇ」

すすり泣いているという夢の女は、正に行き場を無くし、袋小路に陥っている。

宿主の選定に失敗した寄生虫のような状態、もはや泣くしかないだろう。

「俺もさ、多分そんなに長くは生きないと思うんだよ。家族も恋人もいないから、俺なんかが死んだって、誰も覚えていてくれないだろうし……だからもし、俺の話を書いてもらえるなら、それは嬉しいよね、そういう形で残れるっていうのはね。もうさ、俺のために泣いてくれるなんていうのは、夢のあの娘ぐらいだからねぇ」

あとがき

つい先日、とうとう救急病院の世話になった。

突然、いつもより鼓動が早いように感じられ、気になって様子を伺っていたのだが、やがて心臓が空打ちしているような感覚がしはじめ　そのうち頭がぼーっとして、ものが考えられなくなった。

一緒にいた人間が、そんな私の異常に気付き病院へ運んでくれたのだが、病院の入口をくぐる頃には、足元もおぼつかなくなっていた。

「あ、死ぬのかも知れない」と思ったのは初めての経験だった。

妙な焦燥感はあるものの、思考がまとまらなかった私は、病院のロビーに寝転び「なんか、なんか」と言い続けた。もっと言いたいことはあったのだが、それしか喋れなかった。

大げさだと思われたのか、あるいは酔っぱらっているとでも勘違いされたのか、やってきた看護師はそんな私に「立てますか！　立ってください」と叱責するような言葉をくれた。

立ち上がろうと試みるも上手くいかず、かと言ってそれを言葉として口にも出せず、間抜けな顔を看護師に向けると、忌々しそうに車椅子を持ってきた。

そのまま治療室に運ばれ、心電図を付けてもらった直度「あ、下がってる」という言葉と共に、なぜか急に看護師が優しくなった。

その後、更に頭がぼんやりとし、機械的に呼びかけに答えることしかできなくなった。恐怖は全く感じていなかったように思う、いや、感じていなかったというよりも、頭の中で恐怖という感情を組み立てられなかったと言った方が近いだろうか。

その後、フワッと浮上したような感覚と共に頭がクリアになった、見れば腕から点滴がなされており、なぜか強烈な喉の渇きを自覚した。

医師の説明によれば、私の症状は脱水によるものであったらしい。

つい先日、担当のN女史は、ある会合に出席していた。

同好の士が集まっており、食事を共にしながらの楽しいひと時になるはずだった。

しかし出席者の一人が、突然なんの脈絡もなく、猛然とN女史に非難の声をあげ始めた。それは全く身に覚えのない事柄に対する罵詈雑言であり、その人物が、一体なにに憤って自分をここまで口汚く罵ってくるのか、彼女には全く理解できなかった。

周囲の仲間たちも唖然とするなか、いつまで経っても誹謗中傷は止まず、N女史はとうとう恐怖にも近い感情を覚え、自己の防衛本能からか、大きな声で怒鳴りつけてしまったという。その人物とは仲間内の会合などで何度も顔を合わせてはいたものの、特に親しい間柄ではない。それにも関わらず、なぜ、急に人が変わったような態度で、激しく悪意ある言葉を浴びせてきたのか不思議でならないとN女史は言う。また、言葉の端々に「あの人が可哀相」という内容が含まれていたらしいのだが、N女史には自分の周囲で「可哀相な人」にあたる人間の覚えがなく、本当に意味不明な状況だったと振り返る。

さて、この二つのできごと。

それぞれが全く独立したものであることは明白だ。

前者は私自身の健康問題であり、後者はN女史の人間関係の問題である。

しかし、N女史から会合があった日時を聞いた時、私は何だか妙な気がした。

彼女が東京で知人に激しく罵られているその時、私は東北の片田舎の病院で悶えていた。そう、この二つのできごとは、全く同じ日の同じ時間帯に発生していたのだった。

更に言うならば、この本の製作における追い込み段階の時期にも重なる。

あれ？　もしかすると「可哀相な人」とは私をさしているのではないか？

「あの人が可哀相」とN女史が言われていたその時、私は本当に「可哀相なこと」になる寸前だったのではないか？


はい、考え過ぎですね。

怪談書きの性とでも言いましょうか、ビビリの戯言と、笑ってお聞き逃し下さい。

無理に因果を繋げる必要はないのです、現に私もN女史も元気です。

今のところは。

皆様にも、良き怪異が訪れますよう。

二〇一八年　十月　小田イ輔

怪談奇聞　啜り泣キ

2018年11月6日　初版第1刷発行

著者　小田イ輔
企画・編集　中西如(Studio DARA)
発行人　後藤明信
発行所　株式会社 竹書房
〒102-0072 東京都千代田区飯田橋2-7-3
電話03(3264)1576(代表)
電話03(3234)6208(編集)
http://www.takeshobo.co.jp
印刷所　中央精版印刷株式会社

定価はカバーに表示しています。
落丁・乱丁本の場合は竹書房までお問い合わせください。

ISBN978-4-8019-1617-3 C0176